「リング」に立つための基本作法

オカダ・カズチカ

NAVI
16:53
NW

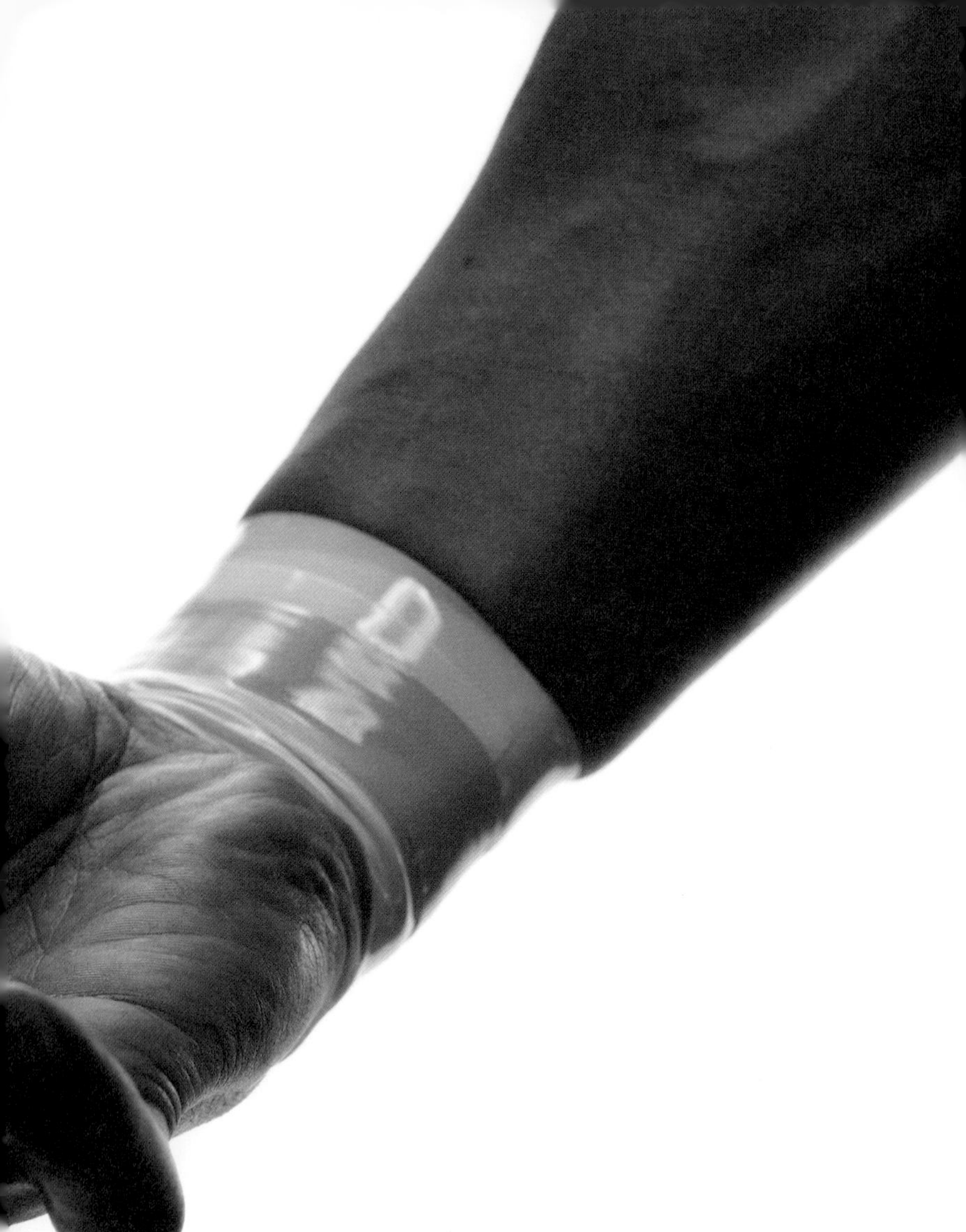

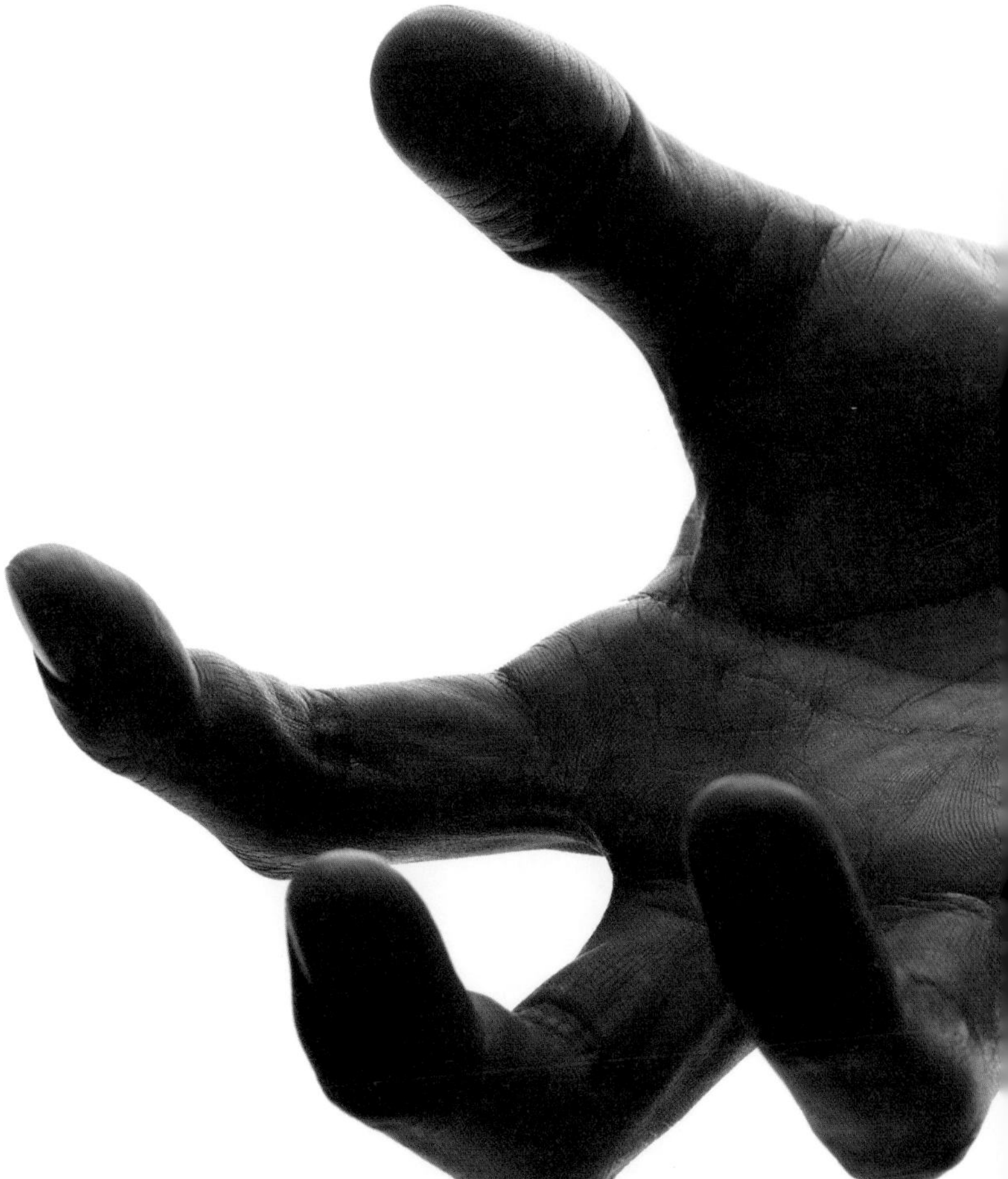

「リング」に立つための基本作法

はじめに

プロレス、ボクシング、柔道、キックボクシング、相撲……。

最強の格闘技とは？

昔から議論されていることだ。

誰もが自分がやっている競技が一番だと信じている。

もちろん、個人の力量によっても違ってくる。

ルールにもよるだろう。グローブをはめての打撃だけで闘ったら、ボクシングが有利だ。道着を着てならば、柔道が有利。

それでも、プロレスは最強の格闘技――。

僕はそう信じている。

そのプロレス界のなかでも、新日本プロレスは世界一。

確かにエンタテインメント性ではアメリカンプロレスはすごい。ＷＷＥは、入場の演出一つとっても大会の魅せ方は世界一だと思っている。

しかし、少なくともリングの上の闘いでは、今の新日本プロレスは世界中のどの団体にも負けていない。エンタテインメント性を取り入れながらも、アメリカの団体のようにプロレスと関係ない物語を取り入れることはせず、空中戦さながらの大技を含め、しっかりと闘いを続けている。

それは、世界のどこへ行っても会場を熱狂させることができるプロレスだ。

そして、あまたある格闘技のなかで、プロレスだけが相手の攻撃を真っ向から受ける。よけない。

お前の力はそんなもんなのか!?　というように、相手のチョップを真正面からもらう。キックももらう。ラリアットも受ける。

だから、プロレスラーはオフェンスだけでは通用しない。実はディフェンスの能力がものすごく問われるのだ。相手の攻撃を逃げることなく受け止め、倒れない。そういう強靭《きょうじん》な身体を手に入れるために、僕たちは日々地道なトレーニングを積んでいる。

攻撃力だけでなく、受ける力、耐える力があってこそ、一流のプロレスラーといえるのだ。

僕の体重は１０７kg。闘う相手も１００kgを超えている。１３０kgを超える外国人レスラーもざらだ。

そんなプロレスラーの攻撃を真正面から受けるのは、キャリアを積んでもやはり勇気がいることだ。そして、度量も必要。身体だけでなく、マインドも鍛《きた》えていかなくてはならない。

プロレスの試合は人生の縮図だ。そこには、闘っているプロレスラーならではの物語がある。

リングの上は戦場。攻めているときもあれば、防戦いっぽうのときだってある。勝利に酔うこともあれば、あっさり負けることもある。歓喜があり、唇を噛《か》むような屈辱もある。

勝ったときだけでなく、負けたときの態度やその後、雪辱《せつじょく》を果たすまでの姿を通して、プロレスラーとしての真価が問われる。それと同時に人としての真価も問われる。

この本では、身体を鍛え、心を鍛えるとともに、はからずもリングで人間力を磨かせてもらってきたプロレスラー、レインメーカーことオカダ・カズチカの日常、ありのままの姿をお見せしたい。

そしてこの本のタイトル『「リング」に立つための基本作法』の「　　」に

は、読者のみなさんの取り組んでいることを入れてほしい。
日々を過ごすうえで、なにかのヒントになればと思っている。

Contents

Chapter 01

内面についての改造計画

ココロの改造計画／1

マインドを鍛えるためのスクワット

プロレスラーの身体づくりにおいてもっとも大切なトレーニングの一つにスクワットがある。

スタンダードなスクワットは、次のプロセスで行う。

①　リラックスして直立。脚《あし》は肩幅くらいに開く。

②　かかとを上げ、息を吸いながら膝を曲げ、大腿部《だいたいぶ》が床と平行になるまで腰を落とす。このとき、背中はできるだけ垂直になるように意識する。

③　②の姿勢で一度動きを止め、息を吐きながら腰を上げ、①の姿勢に戻る。

④　①～③をくり返す。

さらに、プロレスラーは両手を上げ下げしながらこの運動を行う。プロレスファン以外にも有名なヒンズースクワットだ。

ライガーさん（獣神サンダー・ライガー）たち、昭和から闘っている先輩レスラーたちはヒンズースクワットを一日に３０００回も行っていたと聞く。気が遠くなるほどの回数だ。

だが平成以降は一日に１０００回くらいになった。過剰なスクワットで膝《ひざ》が悪くなるという指摘があったからだ。

筋力トレーニングとしてのスクワットは、実は１０００回でも多い。その半分の５００回で、大腿筋も大殿筋《だいでんきん》も十分に鍛えられる。コーチも、５００回でも１０００回でも鍛えられ方は変わらないとわかっている。

では、なぜ１０００回もスクワットをやるのだろうか――。

そこには理由がある。レスラーはスクワットによって、フィジカルだけではなく、マインドが鍛えられるのだと僕は思っている。

スクワットを１０００回行うのはきつい。大腿筋がパンパンに張る。身体ができていない練習生時代は歩けなくなるほどだ。ひたすら汗が流れ、床に水たまりができる。しかしそれによって、心も確かに強くなる。

やがてレスラーとしてキャリアを重ねると、１０００回行う筋力が備わる。筋力、体力的には何度でもできるようになる。

すると今度は、飽きとの闘いになる。同じ場所で同じ動作を１０００回くり返すのは退屈だ。動きは単調だし、景色も変わらない。それでも、頑張り続ける。

こうして、スクワットによって心が強くなっていく。

多くの場合、人は自分で自分の限界を決める。

「これがオレの限界だ」

「もうこれ以上はできない」

それまで体験したことのないレベルの苦しみを感じると、もうこれ以上は無理だと思ってしまう。

ところが人間は、「ここが限界」と思った時点から、実はまだかなり頑張れる。自分の意思ではなく、コーチにやらされる１０００回のスクワットがそれを教えてくれる。

たとえば試合で関節技を決められ、ロープエスケープするにもロープが遠い……。とんでもなく痛い。そして意識が遠のいていく。

「ギブアップか……」

あきらめが頭をかすめる。

マットをパンパンパンと叩けばギブアップ負けになり、同時に激痛から解放される。すべてが楽になる。ギブアップしたからといって、命を取られるわけではない。

「でも、待てよ……」

自分に問いかける。

「もう限界と思ったところから、オレ、実際はまだまだ頑張れるんだよな」

スクワット１０００回の体験がよみがえる。

自分がまだまだできることは、頭よりも身体が知っている。

プロレスラーには限界から先の姿を見せていく使命があると思う。スクワットの体験を思い出すと、そこを耐えることができるのだ。

技をかけられている側はもちろんつらいが、技をかけている側もつらい。負荷がかかり、疲労してくる。そこに隙《すき》が生まれ、抜け出すことができる。そうして耐えてしのいで、逆転勝ちした試合は数えきれない。

ジムに通った経験のある人なら誰でもわかるはずだ。

ウエイトトレーニングは、自分の思う限界を超えないと筋肉が大きくならない。

ふだん60kgのバーベルを10回上げている人が、同じ重さを同じ回数くり返し上げていても、おそらく現状維持だ。60kgを10回上げられたら70kgに挑戦する、というように自分の思う限界を超えてこそ筋肉は成長する。

だから、パーソナルトレーナーは、自分が担当する人に対し「6回上げましょう」と言いながら、6回に到達しようとすると「あと2回！」と、回数を増やす。

6回上げればいいと思っていた人は、心にショックを受けつつも、観念して、さらに2回、バーベルを上げる。そしてこの2回こそが力になり、筋肉を大きくする。

強くなるのは身体だけではない。6回しかできないと思っていた人は、トータルで8回上げることによって、心も強くなる。追加分の2回は最初の6回よりも苦しく、気持ちも鍛えられるからだ。

身体にとっても、心にとっても、6回まではウォーミングアップ。パワーアップするのはその先だと理解してほしい。

そしてその先のトレーニングでは9回、10回……と回数を増やしていく。そうしていくうちに身体は確実に大きく強くなり、心も鍛えられる。

人間は往々にして自分の限界を自分で決めてしまっている。過去の自分の体験の最高を限界と位置付けていることが多い。

しかし人は誰でも自分で思う限界をはるかに超える力を持っている。自分で考えているよりもポテンシャルがある。

限界は、実は限界ではない。限界を決めてはいけない。決めなければ、力はどこまでも伸びていく。

この原理原則を体験的にわかっている人間は強い。

どんな仕事に就《つ》いていても、苦しい局面はあるだろう。

「もう無理！」

そう感じるのがふつうだ。

しかし、無理だと思ってからさらに高いレベルへ行った体験を持つことによって思い直す。

「ここが限界と思っても、実際にはそこからまだまだやれるんだよな……」

自分を納得させて、未体験の領域にトライする。

その結果、成長があり、まだ見ぬ自分と出会うことができるのだ。

限界を自分で決めてはいけない。

さまざまな世界にいる人生の成功者たちは、ほぼ間違いなく、このシンプルな法則を知っている。

ココロの改造計画／2

自分の商品価値は自分で管理

プロレスは格闘技であると同時にエンタテインメント。だから、プロレスラーはエンタテインメント性が必要だ。〝華〟といってもいいかもしれない。

華は、もともと持っている人もいれば、後天的に持つ人もいる。もし僕に華があるとしたら、それはたぶん後天的に身につけたものだ。たくさんのプロレスを見て、そしてプロレスをやるプロセスで、プロとしての今の自分の性格が育ってきたと感じるからだ。僕は常に等身大の僕よりも大きく見えるように、お客さんに対して振るまってきた。

僕のなかには、闘っている自分のほかにもう一人、僕を客観視する自分がいる。自分の存在をオカダ・カズチカという〝商品〟としても見ている。商品価値が下がらないように厳しくチェックしている。

とある大会で、試合前から、対戦相手はさんざん僕を挑発してきた。

「オカダのメッキをはがしてやる」

何度も言っていた。僕のことがよほど気になっていたのだろう。

試合は、僕がレインメーカーからの片エビ固めでピンフォールした。

勝った僕が客席に向かって勝利のレインメーカーポーズをとっていると、負けた選手が、リング下からパイプ椅子を投げつけたり、リングに上がって殴りかかってきたり、しつこく挑発してきた。

僕にとっては最高に気持ちのいいとき。それをじゃましにくるので、うっとうしくてしかたがない。

向こうは僕が挑発に乗ると思ったのだろう。乱闘に持ち込んで客席にアピールできると期待したのかもしれない。でも相手にすると、自分の価値が下がると思ったので、放っておいた。

「もう試合は終ってるでしょ。相手にしませんよ」

という意思表示をして再びレインメーカーポーズをした。向こうは挑発しただけ無駄だった。あの大会はオカダ・カズチカの商品価値が上がる結果になったと思う。

「オレ、ひょっとして、性格悪い？」

そんな気持ちがちょっと頭のなかをよぎったけれど、プロだから当然の対応だと思い直した。自分の商品価値は自分で厳しく管理しなくてはいけない。対戦相手の挑発に軽々しく乗ってはいけない。肝《きも》に銘《めい》じた。

おそらくプロレスラーに限らないことだと思う。個人事業主ならどんな業種でも同じではないか。たとえ会社員だったとしても、自分の評価が下がるような行動や発言をしないことを強く意識するべきだ。

客観的に自分を見る、もう一人の自分が必要だ。

ココロの改造計画／3

人とのコミュニケーションは後輩体質で

ずっと下《した》っ端《ぱ》だった。

子どものころは、5つ年上の兄に毎日泣かされていた。両親は共働き。昼間は兄と、兄の友だちに遊んでもらっていた。小学生時代、兄たちはどこへ行くのも自転車。小さい僕はひたすら走る。田んぼに囲まれた道を走って、兄たちの後を追いかけた。

でも、ふり返ると、ずっと面倒を見てもらっていた気がする。兄は僕をけっして置いてきぼりにはしなかった。いつも遊んでくれていた。

あの子ども時代に、僕の〝後輩体質〟が育ったのではないだろうか。そんなふうに思う。

中学を卒業した僕は、高校進学を選ばなかった。理由は単純。プロレスが好きだったからだ。就職も選ばなかった。修行をして、プロレスラーになりたかったのだ。

進路に選んだのは、闘龍門《とうりゅうもん》。メキシコの日本人ルチャドール養成学校だ。ルチャドールとは、ルチャリブレ（メキシカンスタイルのプロレス）のプロレスラーのことだ。

今、僕が闘っているのは新日本プロレスのリング。でも、僕が中学生のころ、２０００年代前半にテレビで見た新日本には華やかさを感じなかった。誰もが黒いパンツ。いわゆるストロングスタイルで、格闘技色が強かった。

一方、ルチャリブレはエンタテインメント性も豊かだ。動きが速い。関節技や投げ技も多用するけれど、派手な空中殺法が魅力的だった。コスチュームも華やかで、マスクマンばかり。

闘龍門でトレーニングを積むと、メキシコのリングで闘える。そこにも魅力を感じた。

闘龍門の同期入門は30人。一ヵ月でどんどんやめて、すぐに８人になった。15歳の僕は最年少。

トレーニングはもちろん厳しい。スクワットは毎日５００回。腕立て伏せも３００回。１６０段の階段のランニングを15往復。練習生もコーチも一緒にやる。コーチは現役のプロレスラーなので、自分のトレーニングも必要なのだ。

スクワットも、腕立て伏せも、誰かが途中で挫折すると、練習生全員がやり直し。連帯責任だ。最年少の僕は１００回くらいで力尽《つ》きて、みんなに迷惑をかけた。それでも、誰一人僕を責めなかった。

メキシコ修行を経《へ》て新日本プロレスに入ったのは19歳のとき。ライガーさんの紹介だった。闘龍門で４年経験を積んだとはいえ、メジャー団体の新日本では、道場で生活する新弟子扱い。また下っ端だ。

スクワットや腕立て伏せ、朝から夜まで道場生４人の交替制で、ちゃんこ番や洗濯、電話番をやった。

このように、これまでの僕の歩みは下っ端時代が長い。

「つらかったでしょ？」

とよく聞かれる。

もちろん、トレーニングはとんでもなくきつかった。でも、一番下であることをつらいと感じたことはない。むしろ、いいことが多かったと思う。

ずっと下っ端だったからこそ、年下体質というか、後輩体質が自然に身についていった。それが生きていくうえでは強みだとさえ感じている。

ずっと下っ端だと、怒られないようにいつも上の人たちの様子をうかがっている。すると、人と人との微妙な距離の取り方がわかる。

相手がはるかに年上でも、たとえばプロレス界のレジェンド的な存在でも、懐《ふところ》に入ることができる。甘えられるのだ。

「ごはん連れて行ってください！」

先輩や年上の方に、僕は躊躇《ちゅうちょ》なく言える。

ご馳《ち》走《そう》する側は、おそらく、なにかと遠慮する後輩よりも、がつがつ食べる後輩のほうがかわいい。

「ここはオレが持つから」

先輩が言ったら、僕は即座に反応する。

それは、30代になった今も変わっていない。

「ご馳走さまです！　すみません、実は財布を出すつもりはありませんでした！」

先輩は苦笑いしながらも、また誘ってくれる。なにかにつけ、気にかけてくれる。かわいがってくれる。

僕は人の好意には甘えることをモットーにしているのだ。

ただし、その場は遠慮なく甘えるけれど、どこかで必ずお礼をするように心がけている。そこには感謝の気持ちに加え、サプライズをしたいというエンタテインメントの部分もあるかもしれない。日を改めてご馳走させていただく。

僕が支払いをすると、相手の人は驚いた顔になる。

「オリンピックの年は僕に持たせてください」

そう言う。

4年に1回は僕に払わせてください、というかなり図々しい申し出に、みなさん笑いながら応じてくれる。

こうした人間関係を築けたのは、下っ端時代が長かったからだと思う。闘龍門でも、新日本でも、僕の下はなかなか入ってこなかった。だから、ずっと僕が下っ端だった。それが僕を人懐っこい性格にしたのだと思う。

ただし、ただ甘えているだけではダメ。本当の意味でのお礼はリングの上で活躍することだからだ。プロレスで評価されていなければもちろん相手にされない。目一杯練習をして、試合でも自分ならではの存在感をつくっていかなければ、相手にされない。

闘龍門時代、15歳の僕はスクワット５００回や腕立て伏せ３００回がなかなかできず、連帯責任で、年上の人たちを巻き添えにした。申し訳なかった。悔しかった。だから、トレーニング後も寮の廊下で、一人でスクワットや腕立て伏せをやって、筋力をつけていった。みんなは僕の努力をいつも見守っていてくれた。

本気で努力する姿を見ているからこそ、先輩たちはかわいいヤツだ、と思って目をかけてくれる。

ココロの改造計画／4

揺らぎそうなときは退路を断《た》て

〈闘龍門をやめて、安城へ帰ろうと思う〉

15歳で闘龍門に入門して一ヵ月も経《た》っていないころ、母親にメールを打った。トレーニングがきつすぎて、これ以上は続けられない、もう限界だと感じていたのだ。プロレスラーになることをあきらめようと本気で思っていた。

スクワットや腕立て伏せ、どれもきつくて、どれも同期生たちのようにできなかった。僕ができないと、連帯責任で仲間たちに迷惑をかけることがなによりもつらかった。

練習中は水が飲めない。それも苦しかった。

トレーニングとトレーニングのインターバルに、トイレに行くことは許されていた。トイレの便器のなかには水がある。水面がゆらゆら揺れている。それを飲んじゃおうかとまで思った。

「つらかったら、いつでも帰っていらっしゃい」

神戸にある闘龍門に入るために安城の家を出るとき、母親に言われていた。だから、受け入れてもらえるだろう、と安易《あんい》に考えていた。

ところが、母親の反応は僕の期待とは違っていた。

〈もう少し頑張りなさい〉

レスポンスが来た。がっかりした。

〈えー！　話が違うじゃない！〉

そうメールをしたかったけれど、懸命に我慢した。

とにかくもう少し頑張ろう、と決めた。

なぜならプロレスラーになる道をあきらめたら、僕にできることはなにもない。今さら高校へも行かれない。中学時代の友だちの後輩になってしまう。そもそもプロレスのほかに、やりたいことなどなかった。

子どものころの僕は足は速かった。でもマット運動だけは苦手だった。せいぜい前転、後転まで。開脚前転はできなかった。もたもたしている僕を横目に、友だちはヘッドスプリングやネックスプリングをやっていた。どうしても僕はみんなにマット運動で勝てなかった。

では、なぜプロレスラーになろうと思ったのか——。

笑われるかもしれないが、ある夜、僕は夢を見たのだ。

夢のなかで、僕はプロレスのリングのなかにいた。闘おうとしていた。相手は屈強なレスラー。そして……勝ってしまった。

試合のプロセスは覚えていない。どんな技で勝ったのかも覚えていない。それなのに、勝ってレフェリーに握られた手を上げているシーンは鮮明に記憶している。

目覚めた僕はプロレスラーになると決めたのだ。

単純な僕は、その日からもくもくとスクワットを始めた。やり方はわからなかったので、なんとなく想像で、膝の屈伸運動を続けた。

筋トレが必要だろうと思い、ジムにも入会。近所のジムは15歳では会員になれない。安城市の体育館も利用できない。そこで兄の名前を借りてなりすました。

学校の授業中は居眠りかプロレスのマスクをつくっていた。でも、テストでいい成績だったらプロレスのビデオを買ってくれる、と母親が約束してくれたので頑張った。結果、いい成績で、ビデオを買ってもらった。通知表もよかった。そんな僕を両親は闘龍門に送り出してくれた。初期費用は、入学金と半年分の学費で72万円だったと思う。

プロレスをやめたら、その後生きていくためにどんな仕事をするのか、なにも思いつかなかった。だから母親に「帰ってくるな」と言われたら、闘龍門の寮と道場のほかに、いる場所はない。

僕には退路はなかった。安城へ帰る選択などできなかったのだ。そのことを母親からのメールで再認識した。

やめる人とやめない人、どこが違ったのか――。

今思うと、根性や忍耐力よりも、まずプロレスが心底、ほんとうに好きなのか、そうでないかの違いだったのではないか。そしてもう一つ、プロレスのほかに人生の選択肢があるかないかの違いだった気がする。

やりたいことがあるなら、自分の目標が明確ならば、そしてその大切な目標へ向かう気持ちが揺らぐのを避けるには、退路を断つべきだ。

ちなみに苦手だったマット運動は、闘龍門の練習生だったときはなんとかできるという感じだったが、メキシコに行ってから、どうやったら自分の思うように身体を動かせるかを教えてもらった。それは今にすごく活《い》きている。

ココロの改造計画／5

憂鬱《ゆううつ》なときはあえて口に出す

「明日も頑張ろう！」

闘龍門の練習生時代、夜になると毎日、僕は必ず言葉にして叫んでいた。

週末はトレーニングが休み。つかの間の休息だった。

5月の日曜日、同期で連れ立って、神戸の中心、三宮にくり出した。買い物もしなければ、贅沢《ぜいたく》な食事をするわけでもない。ただ、歩いている人たちに鍛えた身体を見せたくて街に出たのだ。

だから、上半身はタンクトップ。5月はまだ寒い。街を歩いている人はみんなジャケットをはおっている。でも、僕たちは薄い布一枚だ。ところが、ほとんど注目されなかった。僕たちには毎日過酷《かこく》なトレーニングをしているという自負があったけれど、4月に入門してまだ一ヵ月。プロレスラーのような逞《たくま》しい身体にはなっていなかった。当然だ。

日が落ちると、翌月曜日からのトレーニングのことを考え始める。

「明日からまたスクワットか……」

心が萎《な》えそうになる。

会社員の方々の間に「サザエさん症候群」という現象があると聞いた。毎週日曜日の夕方にテレビで放送されるアニメの『サザエさん』の時間になると、「ああ、明日からまた会社かあー」と元気がなくなるらしい。練習生時代の僕たちは日曜日はもちろん、毎日その状態で、夜になると心がどんよりしてくる。でも、憂鬱だろうが憂鬱でなかろうが、朝はやってくる。目が覚めたら、トレーニングをしなくてはいけない。

どうせやるなら前向きにやったほうが、身体も心も強くなれる。だから「明日も頑張ろう！」と、明るく自分に活を入れていた。

三宮の街を歩きながら「頑張ろう！」と叫び、寮に帰って就寝するときもベッドのなかで「頑張るぞ！」と声に出して言った。

後でわかったことだけれど、前向きなことを口に出して言うのは、理《り》にかなっていることらしい。自分の脳にしっかり言い聞かせることで、実践できるそうだ。「頑張りたい」とか「耐え抜けるといいな」とかだと、強い気持ちになれない。

「頑張ろう！」

「絶対にやり抜こう！」

このように前向きに言うことが大切だ。よく言われるように「言霊《ことだま》」だ。言葉には魂が宿る。だから、声に出して断言することによって、ほんとうに頑張れる。それまでにできなかったことまでやれてしまうケースだってある。

逆に「オレはもうダメだ」「これ以上できない」などと言葉にしてしまうと、実現できたかもしれないこともやれなくなってしまう。

口に出して言うだけでなく、大きな文字で紙に書くのもいいらしい。

声や文字でアウトプットすることが、思いを実現させるのだ。

ココロの改造計画／6

ルーティンにも
エンタテインメント

19歳のとき、新弟子扱いで新日本プロレスに入門した。15歳で闘龍門に入門して、メキシコでデビューしていたけれど、〝新弟子扱い〟が入門の条件だったのだ。そのことにまったく抵抗はなかった。一番下っ端の居心地のよさを闘龍門で体験していたからだ。

メキシコから帰国してすぐ、僕は東京・世田谷にある新日本の道場の寮に入った。ここは通称〝野毛道場〟といわれている。新日本が１９７2年に設立される前は、あのアントニオ猪木さんの自宅だった。会社設立時に道場と寮になり、改装されたのが今の野毛道場だ。

僕の入門時の寮長は小林邦昭さん。１９８０年代に初代タイガーマスクとライバル関係で、相手の頭部を腕でロックして身体をそらせて後方に投げてホールドするフィッシャーマンズ・スープレックスを得意技に名勝負を重ねた方だ。

新弟子の道場での一日は、次のようなスケジュールだ。

午前8時に起床し、掃除とちゃんこの用意。午前10時から午後1時くらいまでトレーニングをし、その後はちゃんこ番、先輩のお世話、洗濯、電話番。午後11時に入浴し、午前0時に就寝。

最初は甘く見ていた。闘龍門ではすでに4年のキャリアがあったからだ。しかし、さすがに新日本はプロレス界のメジャー団体。練習内容は濃く、選手のレベルが高く、ここでもトレーニングについていくだけで精一杯だった。

先輩たちはみんな身体ができ上がっていて大きかった。僕は身長こそ高かったけれど、身体の厚み、隆起《りゅうき》する筋肉のつき方ではかなわなかった。

僕を含めて4人の新弟子で、掃除、洗濯、電話番、ちゃんこ番を行う。デビュー前の人間は外出が制限されていて、リビングで先輩たちのお世話をする。先輩がお茶を飲み干したら、すぐに新しいお茶を入れる。

寮長の小林さんは優しい人で、理不尽なことはなかったけれど、怖い先輩はいた。たとえばちゃんこの肉がしっかり切れていないと厳しく叱《しか》られた。

ちゃんこ番は、新弟子の持ち回りだ。4日に一度、当番がまわってくる。メンバーは、YOSHI-HASHIさん、内藤（哲也）さん、僕、そしてもう一人は今はもうやめられた方。

塩ちゃんこ、味噌ちゃんこ、キムチちゃんこ……。

メニューと量は小林さんが指示。肉屋さん、八百屋さんが道場に持ってきてくれた材料で料理する。

ちゃんこはシンプルな鍋料理。大きな鍋に出汁《だし》をとり、ちゃんこ番がその日のメニューの味付けをして肉と野菜をぶち込めばできる。それでも不思議なもので、おいしい日とおいしくない日がある。まずいと、食卓は盛り上がらない。みんな「今日はまずいな」と、塩を足したり、醤油を足したり、自分の好きな調味料で味付けする。

「オレが一番おいしいちゃんこをつくるぞ！」

僕はいつもそう思っていた。

市販のスープにひと工夫を加えると、格段においしくなる。

野毛道場にはライガーさんの部屋がある。ライガーさんの自宅は福岡なので、道場を東京の住まいにしていた。

ライガーさんは昭和プロレス時代から受け継がれてきた新日本のちゃんこのつくり方を教えてくれた。そのメソッドのとおりにつくると、確かにおいしい。そこに少しずつ自分流の工夫を加えてバージョンアップしていった。

ちゃんこをうまくつくれても、強いレスラーになれるわけではない。

しかし、プロレスは格闘技であるだけでなく、エンタテインメント性も大切だ。強さと同じくらい華も必要だと思う。質の高いエンタテインメントは注目される。いい試合をすればプロレス会場にお客さんは集まる。

同じように、ちゃんこがおいしければ、自宅暮らしで通ってきている先輩たちも道場で食事をしていく。ＯＢの方も食事をされるので、一緒に食卓を囲める。エンタテインメントだ。

ごく日常的なルーティンにも楽しみの種子を見つけて、エンタテインメント性を意識する。たとえやらされることであっても、創意工夫次第で楽しくなってくる。

僕が寮にいるころは山本小鉄さんがご存命で、ちゃんこの席でプロレスについていろいろ教えてくださった。小鉄さんは力道山が設立した日本プロレスに入門し、アメリカでは星野勘太郎さんとのタッグチーム、ヤマハ・ブラザーズで活躍した。ヤマハ・ブラザーズが転戦したのはテキサスやテネシーなど、人種差別が激しく反日感情の強いアメリカ南部。よほど肝が据《す》わっていたのだろう。新日本プロレスには設立時から参加し、レフェリーや道場長も務めたレジェンドだ。

その小鉄さんがいつも僕のちゃんこに点数をつけてくれた。

「小鉄さん、今日のちゃんこは何点ですか？」

「うん！　80点だな」

「ありがとうございます！」

そんな会話をしていた。

いつもいい点をくれたことが懐かしい。

ココロの改造計画／**7**

誰にも負けないものを一つ持ち〝ロングセラー〟を意識する

「〝プロレスラー、オカダ・カズチカ〟最大の強みは？」

よく質問される。

インタビューされる立場になり、自分のいわゆる商品価値について、具体的に考え始めた。

オカダ・カズチカの強みは、たぶん〝ロングセラー〟であることだと思う。「たぶん」といったのは、プロレスラーとしてこれからも闘い続けていく、まだ過程にあるからだ。

ロングセラー、つまり第一線で長く闘うには、まずスタートが早くなければならない。たとえば、25歳でデビューしたら、選手として闘う期間はどうしても短い。プロ野球でも、サッカーでも、高卒で入団した選手は大卒の選手よりも4年早くプロ生活をスタートできている。その分ロングセラーといえる。

僕は15歳で闘龍門に入門し、一年四ヵ月後にデビューしている。メキシコを中心に4年間闘って新日本プロレスに移籍するために日本に戻ったとき、まだ19歳だった。そして、24歳でＩＷＧＰヘビー級チャンピオンになった。チャンピオンになってから、まだまだ現役生活を送ることができる。ロングセラーである条件が揃《そろ》っている。

そしてもう一つ、僕は怪我《けが》が少ない。受け身がうまいからだと自負している。15歳でプロレスを始めてから、徹底的に受け身の練習をやってきた。ほかのレスラーと比べ、練習量が圧倒的に多い。10代のころにメキシコで修行していたからだ。

向こうは日本と比べてマットが硬《かた》い。そのうえ空中戦が多く、しょっちゅう叩きつけられる。だから、怪我をしないように受け身の練習を徹底的にやらされる。

受け身の練習は、一人で行うものとスパーリングのなかで行うものがある。メキシコでは投げられ方、身体のぶつけられ方のバリエーションが多いので、あらゆる受け身を身につけることができた。受け身は若いときに徹底的に習得したほうがいい。地味な練習なので、キャリアを重ねると、おろそかになりがちだ。自分のレスリングに強さの秘密があるとすれば、あきらかに受け身の練習量の多さだ。

　メキシコで鍛えた素地があるので、日本に戻ってからも、僕は誰よりも受け身の練習をしてきた。これまでのキャリアのなかで、トレーニングの時間の多くを受け身に費やしてきた。そのおかげで怪我が少ないのだと感じている。誰にも負けないと思えるものが一つでもあると、闘う自信になる。

　プロレスラーの多くは、20歳くらいでデビューして、経験を重ねて、30歳くらいからピークを迎え、40代になると満身創痍《まんしんそうい》になり、50代を迎えてもその状態で闘い続けている。僕の場合は、デビューが早い分、ピークを迎える年齢も若く、いいコンディションを維持して長く闘い続けられる。

「プロレスラーに見えないね」

リングを降りて私服でいると、よく言われる。最初はそれが嫌ではなかった。ほめられていると感じていた。

僕はいわゆるマッチョではない。無理やり筋肉をつけることはしなかった。見た目の屈強《くっきょう》さよりも、よく動ける身体を維持することを優先させてきたのだ。速く走れること、高く跳べることをファーストプライオリティに考えてきた。

しかし、今は見た目も強く意識している。動きをキープしながら、筋肉をつけて、カッコいい身体にしていきたい。筋肉質だけど速い、高いレスラーになるのだ。

そう考えられるようになった背景には、２０２０年１月にＩＷＧＰへビー級チャンピオンのベルトを失ったことがある。

チャンピオンでいるときは、どうしても練習量が減る。一ヵ月に一度のペースでタイトルマッチがあるので、身体の調整が難しいからだ。試合でしっかり動けるように、練習量を減らし、身体から疲労を取り除かなくてはいけない。チャンピオンでいる間は、身体のモデルチェンジは難しい。

しかし、ベルトを失い、自分のペースで練習できる時間が与えられた。ジムにしっかり通い、変わるチャンスを得た。

力強く、なおかつスピードもある、両立の難しい二つの要素を併《あわ》せ持った新しいオカダ・カズチカをつくって、さらにロングセラーになりたい。

ココロの改造計画／8

自分をブランドにするためのキャラクター化

「オカダ、お前は試合でなにを伝えたいんだ？」

元プロレスラーのスタッフに言われた。

２０１０年、新日本プロレスからアメリカへ武者修行へ出て、向こうの団体、ＴＮＡ（現：インパクト・レスリング）で闘うことになったときのことだ。

「えっ、なにか伝えなくちゃダメなの？」

「あたりまえだ。お前、伝えたいこと、ないのか？」

相手はあきれた顔で僕を見た。

「闘って勝つだけじゃダメなの？」

「伝えることがないなら、とりあえず四股《しこ》を踏め」

「四股？」

日本人といえば、アメリカでは今でも相撲や芸者、忍者のイメージだったりする。

「そうだ、相撲の四股だ。プロレスはキャラクターが重要だ」

そのスタッフの意見はもっともだった。

僕はプロだ。プロのレスラーだ。会場に集まる人、テレビを見ている人に喜んでもらい、楽しんでもらい、収入を得ている。とくにアメリカでは、エンタテインメント性が強く求められた。

そんな環境で試行錯誤を重ね、闘うことでリングにカネの雨を降らせる、今のレインメーカーになった。

１９８０年代、猪木さんを中心に新日本プロレスが人気を誇っていたとき、ほとんどのレスラーがストロングスタイルの黒のパンツだった。当時はそれが受けていた。ファンに求められていたのだ。

しかし、時代は変わった。１９９０年代から総合格闘技が台頭し、プロレスには強さだけではない、新しいなにかが求められた。とはいえ、すぐにチェンジなどできない。当初は総合格闘技系に合わせてしまい、複数の団体が同じスタイルで競合し、プロレス人気が衰退《すいたい》していった。

そんな衰退期に僕はメキシコから帰国して新日本に入門した。そして基礎練習を積んだ後、ＴＮＡに武者修行に出て、エンタテインメント性を身につけたのだ。

プロレスに求められる強さにプラスするなにか――。それがレインメーカーというキャラクターだ。

プロレスには、お笑い芸人さんたちの世界と重なるところがあると思う。お笑い界では毎年、新しい才能が現れる。そこから継続して人気を得る人もいれば、いわゆる〝一発屋芸人〟で終る人もいる。

その後、生き残ろうが、消えていこうが、いずれにしても最初のドーン！と一発、がなくては世に出られない。そのために必要なものの一つは、強烈なキャラクターではないだろうか。

「とりあえず四股を踏め」というＴＮＡのスタッフの指示は適切だった。

まず、どういう存在かをお客さんに伝えろ、ということなのだ。

実力があれば、さらにキャラクターも活かされて、それはやがてブランドになる。カリスマ性のあるレスラーへのプラスのスパイラルが生まれるわけだ。レインメーカーはあのスタッフとの会話がなければ生まれなかった。

今の新日本プロレスの顔ぶれを見てほしい。それぞれキャラクターが立っているはずだ。マッチョな人もいればポッチャリな人もいるし、マスクマンや怖そうな人もいる。それぞれの個性が光り、それぞれの闘い方があり、おたがいのキャラクターを殺し合うことなく競い合っている。

これはたぶん、多くの職業に共通する。たとえ会社内でも、どんな業種でも、まずドーン！　と一発かまさないと、みんな意見を聞いてくれない。実力が問われるのはその後だ。

ココロの改造計画／9

失恋から己を知る

失恋をした。20代のときのことだった。

僕の自分中心の暮らしぶりに、相手の女性がついにあきれ果てたのだ。

僕が未熟だった。

落ち込んだ。ふられることが全身からあれほどまでに力を奪い取るとは――。予想外だった。油断していた。恋愛をなめていたのかもしれない。

笑い話に聞こえるかもしれないが、悲しくて夜も眠れなかった。食欲もなくなった。無理やり食べても、味がわからない。最後は栄養ドリンクを飲んでリングに上がった。体重はどんどん減っていく。

どんな状況でも、レスラーは闘わなくてはならない。当然だ。

ところが皮肉なことに、体重が減ったことで技にキレが増した。失恋のことを知らないプロレス関係者は僕をほめてくれる。人生なにが起こるかわからない。でも、素直に喜ぶことはできなかった。

自《じ》暴《ぼう》自《じ》棄《き》になっているので、怪我をして出場できなくなればいいとさえ考えた。しかし、コンディションは上々だ。

このままでは心が壊れる。

追い詰められ、彼女に許しを請《こ》おうとした。

とはいえ、どう謝ったらいいかはわからない。巡業中だったので、直接会って話すこともできない。

広島での試合の前に書店に駆け込んだ。自分の気持ちを伝える方法が書かれた実用書を3冊選んだ。いたって真面目だ。

結局3冊の実用書を熟読して、僕は自分を見つめ直すことにした。自分の何がよくなかったのか、なにが彼女をがっかりさせたのか、反省点を白い紙に箇条書きし、写真を撮って毎日巡業先から彼女に送信した。

○きちんと連絡する。
○もらったメールには必ずレスポンスする。
○東京に戻ったら会いに行く。

当たり前のことばかりだ。

当たり前のことこそが大切だと気づいた。凡事《ぼんじ》徹底だ。

努力のおかげで、彼女との関係は修復できた。しかし、もともと縁がなかったのかもしれない。やがて会わなくなってしまった。

けれど、得たものも大きかった。自分を客観視する習慣が身についたのだ。思いもよらぬ失恋の産物だった。

失恋でなくても、なにかがうまくいっていないとき、生活の歯車がかみ合っていないときには、自分を見つめ直して、反省点を箇条書きにしてみる。具体的に文字にすると、頭のなかが整理されて、うまくいっていない現実やその解決策が浮かび上がってくる。

人との出会いは、相性もあるけれど、タイミングも大切だと思っている。女性であれ、男性であれ、どんなに素敵な人と知り合っても、その人にふさわしい自分でなければ、いい関係は築けない。努力が必ずしも結果に結びつかないのが恋愛ではないか、と感じている。

好きな女性がいて、必死に口説いても、どんなに考え抜いたプレゼントを用意しても、心が通じ合わないと関係は成り立たない。

そう考えると、口説く努力をするよりも、自分を知り、自分を磨くことのほうが、人間関係を築くうえでは近道なのかもしれない。

プロレスで、プライベートの恋愛で、いい経験も苦い経験も重ねたからこそ、今の妻とも出会えたと思っている。

ココロの改造計画／10

闘うためのスイッチをつくる

アメリカにいるときは、スーパーヒーローの映画をよく見た。それもプロレスの勉強のためだ。

たとえば、ジョン・ファヴロー監督の『アイアンマン』──。

ロバート・ダウニーJr.演じる主人公、トニー・スタークは、軍需産業の企業の経営者で発明家だ。ところが自社の兵器が人の命を奪う場面を目撃して心を改め、パワードスーツを着てアイアンマンとなり世界平和のために闘う。

日本の仮面ライダーやウルトラマンも同じだが、スーパーヒーローは、変身するときに心のスイッチが入る。闘うモードになる。

それならば、僕はどのタイミングでレインメーカー、オカダ・カズチカに変わるのか。映画からヒントを得ようと考えた。

タイトルマッチならば、スーツを着て家を出るときとか。あるいは靴を履《は》いたときとか。いろいろなシチュエーションで試してみた。でも、なかなかしっくりとはこない。

自宅でスイッチを切り替えると、会場に入り、試合を行うまでの時間が長いので、集中が続かなかった。試合開始時間には神経が消耗しきって、ぐったりと疲労してしまっていた。

試行錯誤の末、会場のバックヤードから客席の花道へ出る入場口の布一枚で心のスイッチを入れることにした。

薄暗い場所からゲートを抜けた瞬間、僕にピンスポットが当たる。右から左からファンが押し寄せる。光を反射させながら、色鮮やかなコスチュームで進んでいく。そのときには、気持ちは完全に闘うモードになっている。すでに僕は岡田《おかだ》和睦《かずちか》ではない。レインメーカー、オカダ・カズチカだ。

やがて、リングが見えてくる。入場中は対戦相手を見ず、レインメーカーであることを楽しむ。僕の脳内にアドレナリンがガンガン分泌《ぶんぴつ》される。

心のスイッチ切り替えのこのプロセスは、最初はぎこちなかったと思う。自分がつくった流れやリズムに、自分を無理やり乗せようとしていた。しかし、回数を重ねることで、身体にも心にもしっくりと馴染んできた。今はゲートをくぐると、自然と気持ちが高ぶってくる。

自画自賛になるけれど、スイッチが入ってからの僕はすごくカッコいい。ふだんの僕と同じ人間とは思えない。映像で見ると、自分でもほれぼれするくらいだ。

人間は気持ちが変わると、見え方もまったく別人になる。

世のお父さんたちも、日曜日に家でごろごろしているときは、頼りなく見えるかもしれない。しかし、月曜日を迎えてスーツを着て出勤し、オフィスに入るころにはまったく違う心、まったく違う見た目になっているはず。ビジネスマンにとって、オフィスは闘いの場だからだ。

プロレスでも試合前はあまり試合のことを考えないほうがいい、ということを中邑《なかむら》（真輔《しんすけ》）さんから教わった。疲れてしまうからだ、と。試合前にのほほんとしている中邑さんを最初は理解できなかったが、今はよくわかる。

心のスイッチを持つと、生活や仕事にメリハリがつき、自分を一気に爆発させることができる。

ココロの改造計画／11

重圧のかかる場面ならではのチャンス

ゲートを抜けて会場に入ると、今までに見たことのない景色が目の前に広がった。気持ちが高ぶって、自分を抑えることができなかった。

観客は１万６５３４人。満員札止め。３階席の最後部、天井の近くまで人でいっぱいだった。

「これがＭＳＧか」

世界中で本物のスターしか見られない風景。そこにいる自分に酔った。

２０１９年４月６日、新日本プロレスはニューヨークの格闘技の殿堂、マディソン・スクエア・ガーデン（ＭＳＧ）で試合を開催。そのメインイベントで、僕は当時のＩＷＧＰヘビー級チャンピオン、ジェイ・ホワイトに挑戦した。

「ＭＳＧで試合をしてみたい」

かつて闘龍門のウルティモ・ドラゴン校長がそう話しているインタビュー記事を読んだ。

「そんなに憧れるような会場なのかあ……」

ＭＳＧを知らなかった僕はネットで調べてみた。ハルク・ホーガンやスティングなど、アメリカのスーパースターがそこで試合をしているのがわかった。日本人では、ジャイアント馬場さん、猪木さん、藤波辰爾《たつみ》さんが立ったことがあるらしい。

ボクシングでは、モハメド・アリやマイク・タイソン、オスカー・デラホーヤもここで闘っている。

格闘技だけではない。ローリング・ストーンズ、マドンナ、ポリスなどビッグネームのコンサートも行われている。

「ＭＳＧで試合をしてみたいなあ」

棚橋《たなはし》（弘至《ひろし》）さんが言っているのを聞いたこともある。

「それは無理でしょうね……」

という言葉を呑み込んだ。僕たちにとっては夢物語だと思っていたのだ。

ところが、ＭＳＧのリングで闘うことが実現した。しかも、アメリカの団体からの招待ではない。新日本プロレスの主催大会で超満員にした。

主なカードは、ザック・セイバーJr.に棚橋さんが挑戦するブリティッシュヘビー級選手権、内藤さんに飯伏《いぶし》（幸太）さんが挑戦するＩＷＧＰインターコンチネンタル選手権、そして僕がジェイ・ホワイトに挑戦するＩＷＧＰヘビー級選手権だった。

「最高の試合を見せてチャンピオンになる」

そう宣言して、僕はニューヨークへ飛んだ。

自分の出番が近づく。特に興奮も緊張もない。ウォーミングアップで身体を温め、ガウンをまとい、バックヤードを進む。白レンガのような壁には、ローリング・ストーンズやビリー・ジョエル、ＮＢＡのニューヨーク・ニックスのヒーローだったパトリック・ユーイング、ＮＨＬのレジェンドであるウェイン・グレツキーの写真が飾られている。

ゲートを抜け、会場の景色を見た瞬間、興奮は最高レベルに達した。オカダ・カズチカの闘うスイッチが入った――。

負ける気はしなかった。しかし、相手はしぶとかった。完璧なレインメーカーを決めたにもかかわらず、カウント2ではね返された。ドロップキックからレインメーカーを2発決めても、まだ起きてくる気配を感じた。最後は、ツームストン・パイルドライバーからさらにレインメーカーを叩き込み、ようやく3カウントが入った。

勝利の瞬間の、会場の熱狂は忘れない。ニューヨーカーたちの叫びに包み込まれた。ニューヨークは、僕にとって特別な街になった。

あのとき、大舞台で力を発揮するのが本物のチャンピオンだと、あらためて思った。

ニューヨークのMSGに匹敵する日本の会場は、東京ドーム、日本武道館、両国国技館だろうか。キャパシティは大きくないけれど、後楽園ホールも格闘技の聖地として世界的に知られている。後楽園ホールの試合では、「ここでやってみたかった」と言う外国人選手は多い。

実は僕はまだ自分の力で東京ドームを満員にしたことがない。それがずっと、心に引っかかっている。絶対に成し遂げなくてはいけない。超満員の東京ドームの景色を、新日本プロレスの苦しい時代を支えてくれた先輩たち、そしてプロレスファンのみなさんに見せることが僕の最大のミッションの一つだ。

ココロの改造計画／12

弱者が強者に勝つロマン

強い相手に立ち向かう自分でいたい。

子どものころからずっとそう思い続けている。それは、たぶん小学生のときに読んだ漫画『ＭＡＪＯＲ』の影響だ。

満田拓也さん作の『ＭＡＪＯＲ』は１９９４年から『週刊少年サンデー』に連載されていた野球漫画だ。

物語はプロ野球選手の父から子へ、そしてさらにその子へと代々引き継がれていく。いってみれば〝野球漫画版大河ドラマ〟。最初の主人公、幼くして母を失い、物語の最初のほうでプロ野球選手の父も失う本田吾郎（後に茂野吾郎）は、リトルリーグも、中学も、高校も、弱いチームに入り、強豪チーム、強豪校を倒していく。その姿に魅力を感じた。

強い組織に入れば勝てる。でも、そうでない組織に加わり、自分の成長とともに組織力も上がっていくほうがカッコいい。その考えは今も変わっていない。

弱者が強者に勝つ姿にはロマンがある。

『ＭＡＪＯＲ』でも描かれているように、弱者が強者に勝つという構図はプロ野球に顕著だったように感じる。強い読売ジャイアンツに挑む他球団、福岡ソフトバンクホークスに挑む他球団、アメリカのメジャーリーガーに挑む日本人選手……によって物語が続いてきた。

そこから、プロレス団体の競合でも、個人の闘いでも、学ぶことはある。

たとえば、すぐれた選手が数多く所属するAという団体と、レベルの劣るBという団体があったとする。団体同士で真っ向勝負をしたら、BはAにはかなわない。でも、Bで圧倒的な力を持つ選手が一人でも育ち、その選手がAに属する選手に圧倒的な力の差で勝ち、しかもすごみを見せられれば、世の中はBに注目するだろう。

たとえば、Aという強いプロレスラーと、総合力で劣るBというプロレスラーがシングルマッチで闘ったとする。真っ向勝負をしたら、Bは

Ａにかなわない。でも、Ａには一つ弱点があった。膝に古傷があるのだ。そこで、Ｂは徹底的に脚を攻める。Ａに殴られても、蹴《け》られても、脚だけを攻め続ける。やがてＡの脚が腫れて痛みで動かなくなる。脚にダメージがあると、相手の攻撃から逃げられない。棒立ちの状態で、Ｂの攻撃を受け続けて敗れる。

　このように、知恵を働かせれば、自分を鍛え上げて作戦を練りに練れば、弱者が強者に勝つ方法はある。自らを鍛え、さらに戦略を練ることで、勝機は見出せるのだ。

　また、プロレスはどんなにやられていても一瞬の隙をついて押え込み、３カウントをとって勝つこともできる。小さい人間が大きい人間に勝つことができるのもプロレスのよさだ。

　弱者が強者に勝つロマンに、僕は憧れる。

「では、なんでお前はメジャー団体の新日本プロレスにいるんだ?」

　そんな声が聞こえてきそうだけれど、僕が新日本に移籍したのは2007年。当時の新日本は低迷期と言われていた。

　1980年代の新日本プロレスは、圧倒的な人気があったと聞いている。猪木さんは強く、カリスマ性があったという。佐山聡《さとる》さんの初代タイガーマスクは全世代のヒーローだった。長州力さんと藤波さんが名勝負を重ね、若手の前田日明《あきら》さんや髙田延彦さんが活躍し、スタン・ハンセン、ハルク・ホーガン、アンドレ・ザ・ジャイアントといった世界最高峰のレスラーが来日してレギュラーで参戦していた。毎週金曜日夜8時の『ワールドプロレスリング』は、同時間帯の人気ドラマ『太陽にほえろ!』『3年B組金八先生』と競合しながら、視聴率20%以上を記録していたそうだ。

しかし、僕が出合った２０００年代の新日本に、かつての勢いはなかった。１９９０年代から２０００年代前半にかけて、プロレスラーが総合格闘家に負け続け、プロレスそのものが低迷期で、試合会場の客席は空席が目立っていた。新日本に関しては、棚橋さんや中邑さんの奮闘によってかろうじて持ちこたえていたという状況。

僕がメキシコから帰国し、新日本に入ったのは、そんな時期だった。

「オレの力で新日本を復活させたい！」

新弟子扱いの入門だったにもかかわらず、本気で思っていた。スクワットや腕立て伏せなどの基礎練習をしながら「今に見ていろ！」とギラギラしていた。

こういうマインドになるきっかけは、幼いころに漫画『ＭＡＪＯＲ』の世界観に触れたことだと思っている。

ココロの改造計画／13

オスの本能で闘う

レスラーにとってチャンピオンベルトを失うのは、失恋に近い。別の男に恋人を奪われたような感覚だ。

初めてＩＷＧＰヘビー級のベルトを腰に巻いたときは、嬉しくて自宅に持ち帰った。眠るときもかたわらに置き、家族にも見せた。

婚約者とベッドに入り、家族に紹介するような気持ちだった。

それからは必死だ。

「君のことを生涯大切に守る！」

ベルトに誓う。失わないように精進し、コンディションを整え、ベルトにふさわしい自分であろうと努める。

だから、タイトルマッチで敗れてベルトを奪われると、失恋したような気持ちになる。

「行かないでくれ！」

心のなかで叫ぶが、ベルトは振り向いてはくれない。

失恋には、二つの苦しみがあると思っている。

一つ目は、純粋に振られることによる心のダメージだ。

二つ目は、好きな女性がほかの男と濃密な時間を過ごしている事実から受ける苦しみだ。自分が食事をしているとき、あるいは入浴しているとき、好きな女性がほかの男とベッドに入っているかもしれない。それを想像すると、頭がどうにかなってしまいそうになる。

ベルトも同じなのだ。昨日まで自分と濃密な時間を共有していたのに、今は別の男といる。一緒にベッドに入っているかもしれない。それを思うと、胸がかきむしられるような感覚になる。

自分の次のチャンピオンが別の挑戦者と防衛戦をやるのを見ると、僕の恋人だった女性を別の男二人が奪い合うのを見るようなもので、彼女が遠いところに行ってしまった悲しさ、虚《むな》しさを覚える。

しかし、彼女への愛情はいささかも衰えない。それどころか、思いは増すばかり。なにしろたくさんのかけがえのない時間を共有してきたのだ。

だからこそ、気持ちを立て直し、奪い返しに行く。ライバルたちを蹴散らし、挑戦権を獲得する。タイトルマッチのリングに上がると、〝恋《こい》敵《がたき》〟であるチャンピオンを完膚《かんぷ》なきまでに叩きのめそうとする。

プロレスに限らず、ボクシングやキックボクシングのようなチャンピオンベルトを巻く格闘家たちは、最愛の女性を奪う、あるいは奪い返すというオスの本能で闘っているのではないだろうか。

人間も動物。オスはメスを獲得するときにはなりふり構わない。そして、自分の持つエネルギーを最大限爆発させる。

ココロの改造計画／14

女性が女性らしくいられるように最大限の努力をする

僕の妻はいつも微笑んでいる。

大きな試合を前に僕の神経が張りつめていても、妻はにこにこしている。とてもありがたい。僕の心が安らぐからだ。

男兄弟で育ったせいもあり、妻と一緒になって初めて、女性が女性らしくいてくれることの魅力を知った。ありがたさを知った。

だから、僕は妻が女性らしくいられるように、思いつく限りの努力をしたい。部屋やクルマのドアは僕が開けてさしあげたい。エスカレーターでは、僕が前で守ってあげたい。チャンスがあれば、お姫様抱っこもしてさしあげたい。プレゼントもしてあげたい。

ただし、プレゼントはモノではなく、サプライズ。妻と約束した。モノは古くなる。壊れて使えなくなることもある。でも、大切な人からのプレゼントは捨てることなどできない。処分できないものが、毎年記念日が訪れる度に増えていく。

　かつてペアのスニーカーを贈り合った。嬉しいから、いつも履いて出かけた。当然、すり減っていく。汚れていく。でも、捨てるのは悲しい。

Tシャツを贈られたこともある。嬉しいから、いつも着て出かけた。やがて傷《いた》み、生地が薄くなっていく。でも、捨てられない。それで、「モノを贈るのはやめよう」と二人で約束をした。

お祝いの日は、いつもと違う食事会を計画する。店は当日まで教えない。

結婚式を挙げたホテルの鉄板焼きを予約したり、行ったことのないレストランを探したり。お祝いされるほうも、お祝いするほうも楽しい。

僕はあらゆるサプライズを考える。思い出を贈りたいし、つくりたい。思い出はカタチがないので、色褪《いろあ》せることはなく、傷つくこともなく、失われることもない。

僕もプロレスという仕事を持っているけれど、妻も仕事を持っている。おたがいがおたがいの仕事を尊重し、リスペクトしている。だから、家事もできるだけ分担したい。僕も食器を洗うし、洗濯物を干したりたたんだりする。妻の仕事を見て、僕も頑張ろうと思う。おたがいにとって、おたがいが励みだ。

僕は女性には我儘《わがまま》であってほしい。いつまでもお姫様であってほしい。

妻にお姫様でいさせてあげるのも僕の仕事だ。

妻の次の記念日も、とっておきのサプライズを実行したい。

ココロの改造計画／15

「察してくれ」は傲慢《ごうまん》

僕はリング上のマイクパフォーマンスで話すことを事前に考えない。
そのときに感じていること、伝えたいことを率直に話している。
政治家には自分の言葉でしゃべらずに原稿を読む人がいるけれど、気持ちがまったく伝わらない。原稿をつくると、暗記をしたとしても、読むようなしゃべり方になってしまう。あれは反面教師になる。スピーチは、内容を考えすぎたり、お客さんの受けを意識したりしすぎると、真実を話していたとしてもなんだか嘘くさくなる。すると、メッセージは伝わらない。

考えないのもダメだし、考えすぎてもいけない。そのバランスが難しい。絶対に伝えたいことはなにか――。それだけを自分に言い聞かせ、あとは会場の空気を感じて話すのがいいのかもしれないが、なかなかハードルが高い。場数が必要だろう。

ほかのレスラーのマイクパフォーマンスを見ると、内容がよくても、言葉に重みがある人とない人がいる。

なにが違うのだろう？

いつも考えながら、聞いている。

違うのは、たぶん、そのレスラーが歩いてきた道だ。レスラーとして、どんな闘いをしてきたか。どんな試練を体験してきたか。どれだけ人生をかけているか。一人の人間として、どんな責任を負っているのか。それが発言に表れている。

そして、体験の数が語《ご》彙力《いりょく》に表れる。あらゆることを行い、さまざまな文化に触れていないと、語彙は増えない。

かつてマイクパフォーマンスが不要な時代もあったと聞く。マイクパフォーマンスをしない選手もいる。話さないほうが説得力のある選手もいないわけではない。でも、プロレスはエンタテインメント性も大切。昔とはプロレスそのものだけでなく、大会の形も変わってきている。できれば、レスラーはお客さんに言葉でメッセージを伝えたほうがいいと思う。

プライベートでも同じだが、思っていることは言葉できちんと伝えるべきだ。夫婦でも、親子でも、親しい友人同士でも、言葉で伝えなければ、相手は自分のことを理解できない。「察してくれ」というのは、ある種の傲慢だ。

ココロの改造計画／16

ＳＮＳとの距離

僕は自分のスマホにリミッターをかけている。15分でＳＮＳを見られなくなるように設定しているのだ。

設定の解除は僕一人ではできないようにしている。というのも、

YouTubeやTwitterはきりがない。何時間でも見続けてしまう。

ＳＮＳはポジティヴな情報だけくれるわけではない。

新型コロナウイルス感染症に関する政治の不手際、著名人の不倫など、ネットにはネガティヴな情報が溢《あふ》れている。それに、ときには僕自身へのネガティヴな指摘もある。

２０１６年６月に４度目のＩＷＧＰヘビー級チャンピオンになり、連続防衛回数12回を達成したときにはアンチからの書き込みが激しかった。

〈またオカダが勝ったのかよ！〉

そんなコメントを防衛の度に目にした。最近は、阪神ファンの人が巨人が勝つ度に言うのと同じだな、と思うようになって気にしなくなったが、勝つこと、強いことを責められると、プロレスラーとしての自分の存在が否定されていると感じてしまう。

周囲の人たちは、強いからこそだと言ってくれる。トップの宿命だと励ましてくれる。それでも、言われる本人の気分はよくない。モチベーションが下がる。だから、ＳＮＳを見ないように努める。

コロナ禍《か》になり、新しいデスクを買った。すると、自宅での時間の使い方ががらりと変わった。勉強をするようになったのだ。

デスクの上に、まずデスクトップのパソコンを置いた。モニターも買い替えた。すると、そこでリモートインタビューを受けられる。本棚も置いたので、落ち着いて読書もできる。

以前はリビングでパソコンを使っていた。おもしろいもので、くつろげる場所でパソコンを開くと、YouTubeをいつまでも見てしまう。ところが、書斎のデスクだと、勉強しようという気持ちになる。

少し前までは、スマホを入れるタイムロッキングコンテナも購入して、デスクに置いていた。このコンテナにスマホを入れてタイマーをかけると、設定した時間まで開かない。スマホが使えなくなるのだ。今は、スマホ自体を書斎に持ち込まないようにしている。

こうしてＳＮＳと距離を置くことに成功した。

ただし、ときどきＳＮＳを見る。最近は、よくない情報が入っても平気になった。

〈オカダ、ここのところ腹がだらしなくなってない？〉

そんな書き込みを見つけても、少しずつだけど、おおらかに受け入れられるようになった。

せっかく指摘されているので、自分の腹を見る。

なるほど、確かに脂肪がついてきた気もする。ＳＮＳの指摘を素直に聞いて、練習法を変えることもある。

〈オカダ、動きが遅くなってない？〉

なるほど、そう見られているのか。

せっかく指摘されているので、コンディションを整え直す。

ネガティヴな書き込みのなかにも、気づきはある。ネガティヴな書き込みですら素直に聞けるのは、ＳＮＳと距離を置きつつ付き合っているからではないかと感じている。

ふだんから負の情報を自分のなかに入れる必要はない。汚染された情報を入れないことによって、純度の高い自分でいられると考えている。でも、食事も同様だが、良質なものばかりを身体に入れていると、免疫力が低下する。元気なときにはあえてちょっと毒を体内に入れて、抵抗力を強くするべきだと思う。

僕は常にハッピーでいたい。ハッピーでいることで、持つ力を発揮できるタイプだと感じている。そしてハッピーでいるために、矛盾《むじゅん》するようだけど、アンハッピーなことも少しずつ体験しておく。

ただし、占いの本は見ない。神社にはよく行くが、おみくじを引くこともない。

占いを見て、よくない結果だとわざわざ気分を害するだけだ。初詣で凶が出たら、「今年はダメな年か」と思ってしまう。でも、その結果には自分の努力はまったく反映されていない。かといって大吉が出ても、幸せになれるわけではない。

僕は、自分の努力がきちんと反映される領域で勝負する。偶然起こることに心を乱されるのは無駄だ。

ココロの改造計画／17

人生を豊かにする日記の効用

ラジオのパーソナリティーをやっている。AuDeeで毎週月曜日に配信している番組『オカダ・カズチカ　ラージオオシャベリング』だ。番組ではプロレスに限らず、趣味のバス釣りやハマっているゲームの話、そしてごく日常的なことについても話している。

やるからには、楽しい内容にしたい。濃い内容にしたい。

だから最新の情報をお伝えできるように、ふだんからアンテナを張り、さまざまなことを感度よくキャッチすることを心がけている。以前、タレントの武井壮さんと仕事でお会いした際に、武井さんはその日の仕事に対してかなり準備をして臨むという話を聞いて刺激を受けた。それからは気にかかることがあると、ふだんからこまめにメモをとるようになった。そして、毎日の出来事をタブレットに日記としてつづっている。

その際、次のルールを決めている。

①　プロレス以外の出来事を積極的に書く。

②　プロレスについては、その日の試合結果にとどめる。

③　お世話になった方への感謝は黄色で書く。
④　自分への課題は赤で書く。
⑤　反省と悲しい出来事は青で書く。

このように色分けすると画面は鮮やかになる。そして、その日がどんな日だったのか、色によってひと目でわかる。黄色が多い日は幸せな日だ。青が多い日は悲しい日だ。

たとえば、誰かに食事に連れて行っていただいた日は、そのときの会話やおいしかった料理の後に、誘ってくださった方への感謝を黄色で記述する。

書くことによって、自分の脳のなかにあることも整理される。漠然と思っていることや、抽象的な内容が、日記で明確になるのだ。

当初の目的は、ラジオのトークのためのネタ集めだった。しかし、書き始めると、プロレスはもちろん、プロレス以外の仕事も準備をして臨めるようになった。そして、大切なことに気づいた。

それは、僕がふだんから多くの方にお世話になっているという事実だ。いろいろな方のおかげで、今の僕がある。書くという行為は記録であり、確認でもあり、記憶することでもある。さらに、自分の思いが強くなる。感謝の気持ちが濃くなる。

たとえば妻が掃除をしてくれたら、もちろん「ありがとう」と言う。さらに夜、日記に「ありがとう」と書く。すると、妻への感謝がより深くなる。「ありがとう」のひと言が、書くことによって、より大きな感謝になる。すると、自分の態度も違うものになる。

日記によって、人生は豊かになる。

ココロの改造計画／18

みんなに喜びを提供するエンタテインメント脳を育てる

プロレスラーになって、僕にもエンタテインメント性が増していると思う。

もともとエンタテインメント性のあるものは好きだった。だから、15

歳で闘龍門に入門した。闘龍門のレスラーは色鮮やかなパンツを着用し、色鮮やかなガウンを選び、空中殺法など派手な闘い方をしていたからだ。先に述べたように、当時の新日本プロレスは黒いパンツをはいたレスラーによるストロングスタイルが全盛だった。

僕はレスリングの基本を大切にしながらも、エンタテインメント性を発揮するように心がけている。お客さんにチケットを買っていただくプロのレスラーだからだ。

トップロープやコーナーポストから跳ぶ。打点の高いドロップキックもやる。パンツもガウンも色鮮やかなデザインだ。髪もゴールドやシルバーに染めるし、ビッグマウスでマイクパフォーマンスを行う。闘いの本質を損なわないことを意識しながらも派手にやる。

10年以上そういう日々を送っていると、私生活でもエンタテインメント性を求めるようになる。つまり、家族や周囲の人たちにも楽しみや喜びを提供したくなる。エンタテインメント体質になってしまったのだ。

妻との記念日はあらゆるサプライズを考える。母親には、逆に甘えるようにしている。うちに遊びに来たら、掃除をしてもらう。食事もつくってもらう。いくつになっても甘えることが実は親孝行だと思っている。それもまたエンタテインメントなのだ。

プロレスでエンタテインメント性が育つとプライベートもエンタテインメントになり、さらにプロレスでのエンタテインメント性が増す。相互作用で、加速度的にエンタテインメント脳になっていく。

最近は、人がなにに惹《ひ》かれるのかが気になり、相撲やサッカー、野球、バスケ、コンサートなどいろいろなものに触れるようになった。

これからも、もっとエンタテインメント脳を育てていきたい。

ココロの改造計画／19

生涯の師と出会う

２０１７年の出来事を僕は生涯忘れない。

４月９日、当時ＩＷＧＰヘビー級チャンピオンだった僕は両国国技館で柴田（勝頼）さんの挑戦を受けた。激戦の末、38分、レインメーカーからの3カウントで、防衛。僕はリングを降り会場を後にした。

ことはその後に起きた。柴田さんがバックヤードで倒れ、救命救急センターに運ばれたのだ。ドクターの診断は急性硬膜下血腫。翌未明、緊急手術を受けた。

帰路、まもなく家に着くクルマのなかで、僕のスマホが振動した。トレーナーからだった。その電話で柴田さんのことを知らされた。

いったいどうしたらいいのか——。

気が動転した僕は頭のなかが真っ白になった。

それからしばらくは、闘うのが怖かった。

藁《わら》にもすがる思いで僕は闘龍門のウルティモ・ドラゴン校長に会いに行った。誰に相談すればいいのか、ほかには思いつかなかった。

「校長、どうすればいいんでしょう」

泣きそうになる僕の話を校長はじっと聞いてくれた。そしていくつかのことを言った。

「お前のせいではない」

「精一杯闘うしかお前がやるべきことはない」

校長は率直だった。

そして、こうも言った。

「プロレスをやっている限り、こういうことはまた起きるかもしれない」

僕に覚悟をうながしたのだ。

プロレスラーはリングに上がらなくてはならない。闘う道を選んだ者の宿命だ。

柴田さんの状態が落ち着いてから、病院にうかがった。

「これからも気にしないで闘ってよ。オレたちがプロレスをやっている限り、こういうことは起こるものだから」

柴田さんの思いやりある言葉で、僕は子どものように泣きじゃくった。

その後、柴田さんは退院。8月13日の両国国技館、G1 CLIMAX 27の優勝決定戦の前にリングに上がった。

そしてきっぱりと言った。

「生きてます！　以上！」

国技館につめかけたファンの大歓声のなか、会場を後にした。

その後、2021年10月21日、日本武道館のリングに上がり、ザック・セイバーJr.とスーパーエキシビションマッチを行った。コブラツイスト、卍固めをくり出した。

「ザック、ありがとう！　次、リングに立つときはコスチュームで！

以上！」

柴田さんはそう叫び、大歓声のなか、会場を後にした。

病院で見舞ったとき、柴田さんが「これからも気にしないで闘ってよ。オレたちがプロレスをやっている限り、こういうことは起こるものだから」と言ってくれたこと、校長が「精一杯闘うしかお前がやるべきことはない」と言ってくれたことは生涯忘れない。

自分には師匠がいる。そのことに感謝した。

師匠で闘龍門の校長、ウルティモ・ドラゴンさんに会ったのは15歳のとき。闘龍門入門の際の面接の場だったが、そのときのことを校長は覚えていない様子だ。

次に会ったのは半年後。メキシコ修行のときだ。闘龍門ＭＥＸＩＣＯのオフィスで挨拶した。

「デカいな」

僕を見た校長はそれだけ言った。

その後は、公私とも、あらゆるアドバイスをいただいている。校長も僕も出身は愛知県。同郷でもあり、目をかけていただいている。

僕のデビュー戦の会場はアレナ・コリセオ。アレナ・メヒコと並ぶルチャリブレの聖地で、校長のデビュー戦の相手と同じネグロ・ナバーロが対戦相手を務めてくれた。

試合内容は、あまりの緊張でよく覚えていない。関節技を決められて、必死に逃げて、また決められて、ギブアップして、リングドクターが上がってきて担架《たんか》で運ばれた。実際には担架で運ばれるほどのダメージは受けていなかったけれど。

ファイトマネーは、日本円に換算すると５００円くらい。交通費を払うと、ポケットには２００円も残らなかった。

「動ける馬場さんになれ」

メキシコ修行時代、校長から言われた。「馬場さん」とはもちろん、ジャイアント馬場さんのことだ。

僕がプロレスラーを志したころ、馬場さんはすでに亡くなられていた。馬場さんが闘う姿はテレビでも見たことがない。そこで、日本から映像を取り寄せて毎日研究した。

馬場さんの身長は２ｍ９㎝。日本のプロレス史上もっとも背が高い。晩年はやせていて、確かに動きは遅い。ロープに振り、反動で戻ってくる相手に足の裏で打撃する得意技、16文キックもスローだ。

しかし若いころの映像を見ると、２ｍを超える身体でドロップキックを放っている。32文ロケット砲だ。迫力があった。

馬場さんは、16文キック、32文ロケット砲のほかにも、技のバリエーションが豊富だ。相手と並ぶようにして片足をかけ、首をホールドして後方に倒す河津落とし。長身を生かして相手の頭の上から垂直にチョップを見舞う脳天唐竹割《のうてんからたけわり》。これらはそのまま若いころの僕の得意技になった。

こうしたプロレスラーとしての闘うスタイルだけではなく、ふだんのふるまいも校長から教えられた。

「プロレスラーはカッコよくあれ」

校長はいつも言っている。

リング上ではもちろんのこと、いつも人に見られていると思って、服装を整えて行動するように言われてきた。タイトルマッチのときはスーツで会場入りすることや、たとえ都内の狭い道で走りづらくてもフェラーリを運転しているのも、校長の教えに影響されたと思っている。

師匠の教えは、プロレスラーとしても、人としても、僕が生きていくための核になっている。人生の師を持つと、迷うことが少なく前に進むことができる。

ココロの改造計画／20

今も海外体験は最上の人間力磨き

今、僕の世代の日本人は海外に興味がなくなっていると聞く。日本にいれば不自由がないからかもしれない。

でも、僕は積極的に海外へ出たほうがいいと思っている。明らかに得るものが多いからだ。

海外ではもちろん日本語は通じない。土地勘もない。ほとんどの地域は日本のように交通機関が発達していない。肩書も通用しない。「株式会社○○○部長」という名刺を見せても、相手は理解しない。生身の自分の力量が問われる。だから、人間力が鍛えられる。

アメリカへ一人で行ったとき、ノートパソコンを2台持っていった。ところが2台とも故障した。誰とも連絡がとれない。そのときはたまたま知り合った日本人の男性に相談し、修理に出していただいた。

フロリダでスペースシャトルの打ち上げがあると知り、クルマを飛ばして行ったときもトラブルに見舞われた。打ち上げが中止になり帰ろうとしたら、クルマが故障してしまったのだ。押しても叩いても、まったく動かない。電話で友人に相談したら「保険会社と話したほうがいい」

とアドバイスしてくれた。

保険会社へ僕の代わりに連絡してくれて、日本語のできる人が僕に電話をくれた。

「今、どちらにいらっしゃいますか？」

保険会社の人に聞かれた。基本的な質問だ。

しかし自分がどこにいるのか、わからない。

「わかりません。どこかのハイウェイの路上です」

「それでは場所の特定は難しいですね。どこからどこへ行く途中ですか？　近くになにか見えませんか？」

「フェンスがあります。フェンスから出られません。あっ！」

「どうされましたか？」

「フェンスの向こうに自動車の修理屋さんみたいな店があります！」

すると、まさしくその店から人が出てきて、こちらに歩いてくる。おじさんが代わりに、保険会社の人に場所、状況などを伝えてくれた。やがてレッカーが来て、救われた。

このようなことは海外では頻繁《ひんぱん》に起こる。毎回あせる。でも、なんとかなる。今ではなにが起きても大丈夫と思えるようになった。こういう体験を経て気持ちが強くなってくる。たいがいのことには動じなくなる。

プロレスラーの多くは、若いときに海外遠征に出る。アメリカ、ヨーロッパ、メキシコなどに遠征して、移動しながら試合をしてファイトマネーを得て生活する。所属する日本の団体から、帰ってこい、と言われるまでは旅暮らしだ。

技術を身につけるだけなら、おそらく日本にいたほうが効率的だろう。質の高い指導のもと、みっちり練習できる。でも、心を強くするため、人間的に成長するために、海外へ行くのだ。

海外のリングでは、日本では出会わないさまざまなタイプのレスラーと闘わなくてはいけない。リングの外でも、試合のことやお金のことなどあらゆるトラブルが起きる。そういうプロセスを乗り越えて強くなる。だから、できるだけ若く体力のあるときに、積極的に海外へ行くべきだ。

そう考えると、結婚前の女性は交際している男性と一度海外旅行へ行ってはいかがだろう。言葉の通じない、土地勘もない、通貨の違う土地で、彼がどうふるまうか。イミグレーションやレストランでどう対応するか。相手の人間力がわかるはずだ。いざというときに頼りになるか、人生をともに歩く相手としてふさわしいか、判断できるだろう。

ココロの改造計画／21

遊べない環境の重要性

15歳から19歳まで、僕はプロレス漬《づ》けだった。プロレスのほかには、なにもしなかった。闘龍門ＭＥＸＩＣＯで修行の身だったからだ。

朝起きたらトレーニング。昼食後はもちろん、夜でもいつでも練習できる環境だった。メキシコ人はパーティー好きなので、夜にリングで受け身をとって音を出しても、誰にも文句を言われなかった。試合のある日は、リングに上がる。自分が出場しなくても観戦する。見ることも勉強だからだ。寮、道場、その横には試合会場があり、たまに屋根裏から試合をのぞいた。

　お金はない。彼女もいない。寮にテレビはあるが、日本の番組はＮＨＫのみ。ネットも遅い。プロレスしかやることがなかった。

　遊びたい欲求もさほどなかった。そもそも遊ぶということを知らなかったからだ。闘龍門の同期も、先輩も、僕と同じ環境。プロレスしかやっていない。うらやましいと思う対象がいなかった。

　ただ、ときどき日本にいる地元の友だちに連絡をすると、ちょっと切なくなった。国際電話は高額なので、会話はもっぱらメールだ。寮はネット環境がよくないので、30分バスに乗り、メキシコシティの中心部まで行き、ネットカフェのパソコンを利用した。

かつての同級生たちは高校へ進学し、青春を謳歌《おうか》している。部活に励んだり、彼女ができたり。友だちがデートしている様子を思い浮かべて、里心を覚えた。

それでも、心底からうらやましいとは思わなかった。子どものころから、みんなと同じ人生を送るのが嫌だったからだ。人と違う自分を強く意識していた。

闘龍門に入門して、10代の後半をメキシコでプロレスの修行に費やしたことは正解だと感じている。スタートが早かったからデビューも早かった。外国語を学ぶこともできた。人と違う人生を送ることもできている。

どこか日本のプロレス団体に入門していたら、それなりに遊びも覚えただろう。スタートが闘龍門でよかった。

遊ぶことを知らずにプロレスの基礎練習に没頭できたからだ。

人生では、何度か勝負する時期があるという。登っていく坂、階段はずっと同じ角度ではない。踊り場もあれば、次のステージに一気に上がれる急勾配《きゅうこうばい》もある。急勾配のときは、もたもたしていてはいけない。全力で駆《か》け上がらなくてはいけない。そのときは、自分の行うべきことに集中するために、遊べない環境に身を置くといい。

ココロの改造計画／22

仕事に魂が宿ると新たな成果が生まれる

生まれ変わってもプロレスラーになりたい。

僕は15歳のときに闘龍門に入門し、その後、今日までずっとプロレスが好きであり続けている。若くして自分の好きな職業、生き方を見つけられるとは、なんて幸せなのだろう。

好きだからこそ、厳しいトレーニングが行える。好きだからこそ、長い巡業にも出られる。会社員だとしても、好きな業種なら、残業も休日出勤もできるのではないだろうか。そして長く続けていれば人より秀でる確率も高まる。シンプルな事実だ。

僕はプロレスの試合をした日も、帰宅後、テレビやYouTubeでプロレスを見る。新日本の試合に限らず、海外の試合や他団体の試合も見る。プロレスラーなので試合の研究のためでもある。技の入り方や返し方、自分の試合に当てはめて研究するのは、自分の栄養になる。

でも、それだけではない。プロレスラーのオカダ・カズチカではなく、一人のプロレスファンとしても、プロレス番組を見ている。自分が知らない動き、見たことのない技に出合うと、素直に感動する。

「おおー！」

画面に向かって声を上げる。

自分の好きなこと、好きな仕事を見つけられなくて悩んでいる若い人はたくさんいるらしい。あるいは、好きなこと、なりたい職業があっても、その仕事に就けなかったり、就いても食べていけるだけの収入が得られなかったりするケースも多いと聞く。

さらに、自分の一番好きな分野はあえて仕事にしないで、趣味として楽しむという考えの人も少なくないらしい。

しかし、どうだろう。どんな仕事に就いたとしても、それが最初は意に沿わない職種や業種だったとしても、そこに気持ちを込め、続ければ、好きになるのではないだろうか。

僕はプロレスを仕事にできたことを幸せに感じている。好きで選んだプロレスの道だけれど、続けることによって、さらに愛するようになった。「天職」という言葉があるけれど、僕にとってプロレスは、まさしく天職になったと感じている。

「仕事が楽しければ人生も愉しい」

これは僕が読む『ゲーテ』という雑誌のテーマだ。誌面には数多くの仕事に熱狂する人たちが登場する。なんだかみんな楽しそうだ。

自分の仕事に魂が宿り、成果が上がると、さらに仕事に夢中になり、新たな成果が生まれる。人生にプラスのスパイラルが生じ、どんどん発展していく。

プロレスラー同士で話をしたことはないけれど、おそらくプロレスラーのほとんどがシンプルにプロレスが大好きなのではないだろうか。

というのも、先輩たちはいつまでもプロレスをやめない。50歳になっても、60歳になっても続けている。身体が許せば、70歳でも続けている。投げられれば痛いし、関節技を決められれば苦しい。痛いのも苦しいのもいやに決まっている。でも、続けている。

プロレスラーの多くがプロレスを愛しているのだと思う。

ココロの改造計画／23

自分が壁になって組織を強くする

2022年は新日本プロレスにとって特別な年。

1972年1月13日に設立し、同年3月に旗揚げ戦をしてから50周年を迎える。設立時のメンバーは、猪木さん、魁勝司《かいしょうじ》さん（後にレフェリーになった北沢幹之氏）、小鉄さん、柴田勝久さん、木戸修さん、藤波さんの６人。

３月６日に、東京の大田区体育館で旗揚げ戦を開催した。メインイベントでは猪木さんが〝プロレスの神様〟とも言われたカール・ゴッチと闘い、敗れている。それから今日まで半世紀、新日本の闘いの歴史が続いてきた。

その50周年記念の年は、オカダ・カズチカの年にする。

２０２２年は、僕が初めてＩＷＧＰヘビー級チャンピオンになって10周年の年でもある。２０１２年２月12日、大阪府立体育会館で僕は棚橋さんを破り、ＩＷＧＰヘビー級のベルトを初めて腰に巻いた。

その10年後の最初の大会、１月４日の東京ドームのメインイベントで、僕はＩＷＧＰ世界ヘビー級チャンピオンの鷹木（信悟）さんと闘う。その試合に勝って、翌日の1月5日にウィル・オスプレイの挑戦を受けるつもりだ。

鷹木さんとは２０２１年に2戦して、2戦とも苦汁を飲まされた。オスプレイは、首の負傷でＩＷＧＰ世界ヘビー級王座を返上した選手。この二人にすっきりと勝って、２０２２年を走っていきたい。

その助走としての２０２１年はいい形で終えることができた。10月21日、日本武道館で行われたG1 CLIMAX 31の優勝決定戦で、飯伏さんに勝ち優勝した。

この年のG1 CLIMAXのリーグ戦は、思いがけず感慨深いシリーズになった。初戦は大阪で棚橋戦。10年前に初めてＩＷＧＰヘビー級を獲ったのも、大阪での棚橋戦だった。棚橋さんとはその後何度も闘っているけれど、僕がチャンピオンだった試合が多く、たいがい後から入場している。しかし、この日は久しぶりに僕が先にリングに上がり、棚橋さんが上がってくるのを待った。棚橋さんをリング上で待っていると、10年前のタイトルマッチがフラッシュバックした。

東京の後楽園ホールでのYOSHI-HASHIさんとの試合も、〝ヤングライオン〟と言われた若手時代がフラッシュバックした。

YOSHI-HASHIさんとは同期。寮でも同部屋だった。毎日一緒に練習し、道場やトイレや風呂場を掃除した。日本中の会場で、第1試合を闘った。YOSHI-HASHIさんの攻撃が偶然、僕の急所に直撃して、悶《もん》絶《ぜっ》したこともある。それまでに体験したことがないほどの激痛だったけれど、今となれば懐かしい思い出だ。

G1優勝決定戦では、飯伏さんのフェニックス・スプラッシュを僕がかわした。飯伏さんは自爆。肩を脱臼して戦闘不能になりレフェリーストップという予想外の結末になった。

あのときなにが起きたのか――。すぐにはわからなかった。

マットにうずくまった飯伏さんが次の攻撃を仕掛けてこないので、不思議に思っていると、うめき声と「大丈夫か?」というレフェリーの声が聞こえて事情を察した。

本心はピンフォール勝ちしたかったけれど、レフェリーストップでも立派な勝利だと受け止めている。

このようにG1 CLIMAX 31では、切磋《せっさ》琢磨《たくま》してきた選手たちと闘うことができた。僕のキャリアの集大成になったと感じている。

11月にはアメリカのカリフォルニア、サンノゼで行われた大会でバディ・マシューズと闘った。気持ちのいい大会だった。

というのも、サンノゼでは久しぶりに歓声のある会場で闘うことができたからだ。

バックヤードからゲートを抜けると、客席の大歓声を浴びた。その歓声をできるだけ長く浴びていたくて、リングに向かって僕はゆっくりと歩を進めていった。

50周年を僕の年にする準備は整った。この10年、新日本は僕が牽引してきたと思っている。ここからの10年も僕が牽引していいの？　活きのいい若手は台頭してこないの？　新日本の未来に心配がないわけではない。

でも、強い若手が出てきても、もっと強い僕が叩きのめすだけだ。2022年も、僕はほかの選手たちにとっての高い壁になり続ける。僕が強くあり続けることで、新日本全体がレベルアップしていく。

Column 01

アントニオ猪木さんについて思うこと

©アフロ

Column

01

プロレスをメジャースポーツにという共通の思い

ある日、新日本の道場から猪木さんの写真がなくなっていた。

僕が入門したころは、額に収められたストロングスタイルの黒いパンツ姿の猪木さんの写真が飾られていた。猪木さんがファイティングポーズをとる写真が見守る道場で、僕たちはトレーニングを重ねたのだ。

しかし、気づくと道場に猪木さんの写真はなく、新日本プロレスのライオンマークになっていた。

「猪木さんは新日本の創立者ではあるけれど、ＩＧＦを旗揚げして、他団体の人になったから写真も外されたのかな？」

「僕はなぜ猪木さんに会うことがないんだろう？」

新入り時代の僕にはわからなかったし、誰かに聞くこともできなかった。猪木さんのことは、会社のなかではアンタッチャブルだと思っていたのだ。

猪木さんはあまりにも自由だった。お金のことをはじめ、さまざまな問題があったとは聞いている。いわゆる〝猪木色〟〝猪木イズム〟を払拭《ふっしょく》することで、新日本プロレスの人気が回復したことも理解している。

それでも、僕は猪木さんに会ってみたかった。新日本プロレスの原点を見てみたかった。今ある野毛道場も、もともとは猪木さんの自宅だ。

そんな猪木さんに初めてお目にかかったのは、テレビ収録をしていた代々木第二体育館だった。

２０１７年３月、テレビ朝日で『プロレス総選挙』という番組が放送された。２００人の現役レスラーとＯＢレスラー、１万人のプロレスファンの投票で「史上最高のプロレスラー」を選び、ランキングを発表するという番組だ。参考までに、敬称略でベスト20を紹介すると――。

1位　アントニオ猪木
2位　ジャイアント馬場
3位　初代タイガーマスク（佐山聡）
4位　オカダ・カズチカ
5位　力道山
6位　棚橋弘至
7位　ジャンボ鶴田
8位　獣神サンダー・ライガー
9位　三沢光晴
10位　スタン・ハンセン
11位　長州力
12位　武藤敬司

13位　小橋建太
14位　天龍源一郎
15位　ケニー・オメガ
16位　橋本真也
17位　蝶野正洋
18位　ハルク・ホーガン
19位　真壁刀義
20位　アンドレ・ザ・ジャイアント

現役レスラーのなかでは、僕はトップに選んでもらった。

番組では、20位から順番に発表された。日本人レスラーの多くは会場に呼ばれ、発表された後は会場に残る形だった。ランキング４位で収録の終盤に参加した僕は、最後に会場入りした。テレビ局の人に猪木さんに会いたい、挨拶したいとお願いし、１位の猪木さんに挨拶にうかがったのだ。

「はじめまして！　オカダ・カズチカです。よろしくお願いします！」

「オオ、頑張れ」

そのぐらいの会話しかできなかった。

それからしばらくして、新日本プロレスの試合会場で猪木さんが話す映像を見た。２０２０年１月、東京・大田区総合体育館で行われたライガーさんの引退セレモニーに猪木さんがコメントを寄せたのだ。映像とはいえ、猪木さんの姿が新日本の会場に登場したのは14年ぶりだそうだ。

会社的に猪木さんのことはアンタッチャブルではない、とわかった。

翌月、「THE NEW BEGINNING in SAPPORO ～雪の札幌２連戦～」の２日目、僕はタイチさんとの30分を超える激闘を制した。

闘いが終ったリングで、僕は叫んでいた。

「オレが今、気になっている人のことを言わせてください！　アントニオ猪木――！　というわけで、またお会いしましょう」

なぜ猪木さんが気になっているのか。

その理由の一つは、猪木さんがプロレスをもっともっとメジャーにしようとして闘っていたと聞いているからだ。

プロ野球のスター、サッカーのスターは、日本のスターだ。野球ファンやサッカーファンでなくても、大谷翔平選手や本田圭佑選手の名前や顔を知っている。だから、企業のテレビＣＭやポスターにも起用される。

２０１９年に日本で開催されたラグビーのワールドカップでの躍進によって、ラグビーも一気にメジャースポーツになってきた。うらやましかった。嫉妬《しっと》すら覚えた。

子どもたちは、プロ野球選手やサッカー選手、ラグビー選手に憧れ、目指すようになっている。でも、残念ながら、プロレスはまだまだだ。

猪木さんや馬場さんの全盛期は、子どもからおじいちゃんやおばあちゃんまで、日本中の人がお二人の顔と名前を知っていたらしい。地方巡業も連日満員で、「オレたちの町に猪木が来る！」と、大騒ぎになったそうだ。

それでも、猪木さんは不満だったらしい。長嶋茂雄さんや王貞治さんが現役だった当時のプロ野球のレベルまで、プロレスの価値を引き上げたいと思い闘っていた。

その思いから実現させたのが、プロボクシング世界ヘビー級チャンピオンのモハメド・アリ、ミュンヘンオリンピックの男子柔道重量級と無差別級金メダリストのウィレム・ルスカ、極真空手出身で巨大なグリズリーと闘った〝熊殺し〟ウィリー・ウィリアムスらとの格闘技世界一決定戦だったという。

プロレスをメジャースポーツに――。

かつての猪木さんと同じ思いを今、僕は持っている。

プロレスラーを、子どもたちも、おじいちゃんやおばあちゃんたちも知る存在にしたい。

ようやく僕も猪木さんと同じ思いを持てるようになった。

新日本に入門したばかりのころは、その日の試合に勝つことだけで精一杯だった。チャンピオンになることばかりを考えていた。

チャンピオンになると、防衛を重ね、プロレス界最強を目指す。そして頂点に立ち、さまざまな挑戦者との闘いを制すると、ようやく社会全体を意識するようになる。プロレス以外のスポーツに勝ちたくなる。

もちろん競技は違うので、直接闘うわけではない。社会的な知名度を上げ、子どもたちの憧れの対象になることが目標になってくる。

２０１９年４月、新日本プロレスは、ニューヨークのマディソン・スクエア・ガーデンで大会を開催した。１万６５３４人満員札止め。僕はメインイベントで闘い、ＩＷＧＰヘビー級のベルトを奪取した。会場はものすごい熱狂だった。

そういう経験もあり、僕には世界一のエンタテインメント都市で評価されている自負がある。比較するのは心苦しいけれど、日本のプロ野球やサッカーの試合でニューヨークの会場をいっぱいにするのは難しいだろう。

それでも、プロレスは国内ではプロ野球やサッカーほどの人気とはいいがたい。プロレスをよりメジャーにするきっかけやなにかしらのヒントを猪木さんから得たかった。
『プロレス総選挙』の後、猪木さんはプロレス界を盛り上げようとあらゆる団体やＯＢに声をかけて食事会を開催した。プロレスファンがその場にいたら倒れてしまうのではないかという豪華なメンバーが勢ぞろいした。

　これだけの人を集められる猪木さん、そんな会を開けてしまう猪木さん。改めてすごい方だと思った。そのときも少しだけ話をさせていただいた。

　その後も雑誌の企画で猪木さんと対談する機会があった。会うのは三度目。近くで向き合うと、魅力的な方だった。

　僕は猪木さんが現役のときを知らないので、リングの上で闘うことは想像できない。ただ、猪木さんと同じ時代を過ごしていたら、どういう影響を受けていたのかはとても気になる。プロレスをメジャーにしたい、という思いを持つ者同士、次はゆっくりプロレス談義をしたい。

Chapter 02

外見についての改造計画

カラダの改造計画／1

スーツでココロを整える

プロレスラーだからこそスーツを着る理由

タイトルマッチの日はスーツを着て会場に入る。

それだけで厳かな気持ちになるからだ。気が引き締まる。デザインやブランド、色は問わない。

とはいえ、どんなスーツでもいいというわけではない。

まず、僕の場合、身長が高く、筋肉もある。大胸筋も、大殿筋もパンパンに張っているので、オーダーメイドしか着られない。細かく採寸《さいすん》して、丁寧《ていねい》に仕立てていただく。

一時期は、クローゼットに何着もスーツがあった。しかし、サイズだけでなくデザインや色がほんとうに自分に合うスーツは限られてくる。そこで、あまり着ないスーツは、思い切って処分した。ネクタイもできるだけ減らした。

その結果クローゼットに残ったのは、無地やストライプなど、シンプルなデザインのものばかりだ。色は黒、ネイビー、グレーを大切に着るようにしている。生活全般をそういう無駄のないスタイルにしたい。そんな気持ちになっている。そのうえで、今あるものをいかに工夫して着こなすか――が服装においての課題だ。

「リングに上がったら自分が一番だと思え」

「プロレスラーはカッコよくあれ」

それが闘龍門のウルティモ・ドラゴン校長の教えだった。

事実、メキシコで、校長はいつもスーツをびしっと着て会場入りしていた。カッコよかった。

メキシコにはルチャリブレの聖地が二つある。アレナ・コリセオとアレナ・メヒコだ。メキシコ修行時代、僕はアレナ・メヒコに校長の付き人として行っていた。

1956年に開場したアレナ・メヒコのキャパシティは約1万6500人。日本武道館よりやや多い。1968年開催のメキシコシティオリンピックでは、ボクシングの会場として使われた。オリンピックの後は、メジャープロレス団体、ＣＭＬＬの本拠地でもある。

メキシコには、ミル・マスカラスやエル・カネックなど日本でも闘ってきた人気レスラーがいるけれど、メキシコ人にとってのヒーローはエル・イホ・デル・サントだ。父親もレジェンド、エル・サント。プロレスのヒーローであるだけでなく、映画スターでコミックの主人公だった。

息子のエル・イホ・デル・サントもスーパースターで、彼が参戦する日のアレナ・メヒコは超満員。メキシコ中の人が集まるようなイメージだ。彼が参戦しないと半分も入らない。一人でお客さんを呼べる。これがスターかと思った。僕が知る日本のプロレスラーにはたとえられないほどの存在。ウルトラマンがフィクションの世界から現れて目の前で闘っているような感覚だった。

２００９年に新日本とＣＭＬＬは業務提携したので選手交流があり、

ライガーさんや棚橋さんはＣＭＬＬのトーナメントで優勝もしている。
メキシコでは、プロレスは国技のような扱い。日本の相撲のように子どもからお年寄りまで楽しんでいる。

僕のメキシコ時代、金曜日のアレナ・メヒコはテレビマッチで、大イベントだった。だから金曜日の夜は、レスラーがみんなスーツを着て会場入りしている姿を見ていた。そして、僕も稼いでいつかはスーツで会場入りしようと思っていた。

当時の思いもあり、今も僕はタイトルマッチの日にはスーツで会場入りする。ちなみに２０１８年にアレナ・メヒコでのＣＭＬＬの大会に参戦したときも、ほかの選手はラフな格好だったが、僕だけはスーツで会場入りした。そして、毎年1月４日に東京ドームで開催するWRESTLE KINGDOMもスーツで入る。記念すべき新年の第一戦だからだ。

新日本プロレスの1・4東京ドームは伝統ある大会だ。その最初は1992年の「超戦士IN闘強導夢」。メインイベントでは長州さんと藤波さんが闘い、長州さんがリキ・ラリアットでピンフォール勝ちしている。

2016年「WRESTLE KINGDOM 10 in 東京ドーム」では棚橋さんと僕がメインイベントを務め、レインメーカーからの片エビ固めで僕がピンフォール勝ち。2017年はケニー・オメガ、2018年は内藤さんを破っている。

そんな伝統ある大会、心新たに闘う試合の日は、スーツに身を包み、心を整えて臨む。

カラダの改造計画／**2**

知性と野性を兼ね備えた色気のある男がカッコいい

レインメーカーを名乗った理由

「カッコいい大人になりたい」

ずっとそう思い続けてきた。

もちろん、女の子にモテたい。でも、女性だけでなく、男性からもカッコいいと思われる大人になりたい。

ふり返ると、僕が一番モテたのはずっと昔。中学生のころだ。何人かの女子から告白されたが、なんであんなにモテたのかわからなかった。

僕が一番モテなかったのは、おそらく新日本プロレスに入門して寮で暮らしていたころだと思う。そのときには自覚していなかったけれど、服装にも無頓着《むとんじゃく》で、イモくさかった。なにも考えずに、先輩からもらった服を着て出かけていた。身体に筋肉もついていなくて、特徴がなかった。たんなるメキシコ帰りの若手レスラーだった。

ようやく女性に支持されるようになったのは、２０１２年にアメリカのプロレス団体、ＴＮＡでの武者修行を終えて〝レインメーカー〟として凱旋《がいせん》した後だ。

レインメーカーとは、お金の雨が降るくらい稼ぎまくる存在のことである。映画『ゴッドファーザー』3部作や『地獄の黙示録』をつくったレジェンド、フランシス・フォード・コッポラ監督の映画『レインメーカー』で知られるようになった。

「オレが新日本プロレスにカネの雨を降らせる」

そう宣言しているにもかかわらず、ファッションにも無頓着でまだダサいままだった。

渡米する前の僕のままの姿では、お客さんに対しても、対戦相手に対しても、説得力がない。髪をゴールドに染め、ガウンもパンツもゴージャスなデザインにしてレインメーカーにふさわしい姿になるように努めた。

スニーカーはやめて革靴を履き、会場入りもスーツかジャケットを着た。レインメーカーのイメージを絶対に壊さない、と心に誓った。

だから、試合後帰るときもスーツ。当然着替えに時間がかかる。地方巡業では、試合を行った会場からホテルへ、あるいは次の試合を行う会場のある街へ、選手はバスに乗り移動する。

「オカダ、遅いぞ！」

バスに乗るなり、先輩レスラーに叱られた。それでも、スーツやジャケットを着て帰った。それまでのラフな服装から、一気に変えなくてはいけないと思っていたからだ。

虚勢《きょせい》を張ることも必要だ。だから、ビッグマウスになっていった。といってもしゃべるのは苦手だったので、マネージャー役だった外道《げどう》さんに、代わりにしゃべってもらいながら、トーク力を身につけていった。

今は年齢を重ね、キャリアを重ね、プロレスでの実績もできて、少しはふるまいも自然になっていると思う。今後も試行錯誤を重ねなければならないとは覚悟しているけれど、カッコいい大人になりたい。

僕が憧れるカッコいい大人の象徴はスティングだ。アメリカのメジャープロレス団体、ＷＣＷのスーパースターのスティングではない。ロックバンド、ポリスのベーシスト兼ボーカルのスティングだ。

スティングは、僕の知る限り、若いころよりもベテランになってからのほうがカッコいい。しわは増えている。髪の毛は減っている。それでも今がカッコいい。色気がある。オスの野性の香りと洗練された知性。両方を持ち合わせている。

それは、ずっと一線で闘っているからこそではないかと思う。自分のやるべき音楽としっかり向き合い、新しい作品をつくり続けている事実が外見にしっかりと表れている。だから、女性からも、男性からも憧れられる存在であり続けている。

カラダの改造計画／3

我慢をしてでも自己演出

フェラーリに乗る理由

僕は真っ赤なフェラーリに乗っている。

理由は、常にカッコよくありたいからだ。そして、子どもたちにとってプロレスラーがカッコいい、憧れの存在であってほしい。

きっかけは、漫画やアニメの『タイガーマスク』だ。

物語の主人公、タイガーマスクこと伊達直人は、自分を育ててくれた孤児院「ちびっこハウス」にファイトマネーを寄付している。そのため彼を鍛えた悪役レスラー養成機関「虎の穴」への上納金を払えなくなり、裏切り者とされて、刺客のレスラーを次々と送られる。

子どもたちに夢を与える存在として、タイガーマスクは相手の反則攻撃に耐え、自分はフェアに闘おうと努める。

伊達直人はいつも真っ赤なスポーツカーを運転していた。その影響で、僕も真っ赤なフェラーリを選んだ。

フェラーリに乗るのは自分の使命の一つだとも感じている。プロ野球選手やサッカー選手にはポルシェを選ぶ人が多いと聞く。プロレスラーには、そういう選手はまだ少ない。身体が大きかったり、家族が多かったりという現実的な事情もあり、大型のＳＵＶを選ぶ傾向がある。そういう事情を考えても、若くて子どものいない僕がフェラーリに乗らなくてはいけないと思ったのだ。

ちなみにフェラーリの前にはコルベットに乗っていた。その際、ぶつけられて警察の人に職業を聞かれたことがあり、プロレスラーと答えたら「プロレスラーでもこんなクルマに乗れるんですね」と言われ、プロレスラーはカッコよくなければいけない、とさらに思ったのを覚えている。

プロレス界のトップとして、僕はプロレスを盛り上げなくてはいけない。新日本でも、他団体でも、多くのレスラーに、オカダのようにフェラーリに乗りたい、と思ってもらいたい。闘うモチベーションにしてほしい。世間にもプロレスラーがフェラーリに乗れると知ってほしい。

そして子どもたちには、プロレスラーを目指してほしい。僕も強くなって、フェラーリを駆りたい——と、子どもたちが憧れる職業にしたい。とはいえ、フェラーリに乗るためには、実はちょっと我慢をしている。なによりもまず、二人しか乗れない。妻を助手席に乗せたら、友人は一人も乗せられない。狭くスピードを出せない都内の道では必ずしも走りやすいとはいえない。

それでも、フェラーリに乗るのは、僕の使命だ。

カラダの改造計画／4

実践的英語力を身につける

英語を勉強する理由

英語の勉強をしている。

10代のころ、闘龍門在籍時は、メキシコだけでなくアメリカやカナダに行って試合を行うこともあったので、英語を使う機会もあった。でも、かたことだ。

かたことの英会話ができるプロレスラーは少なくない。多くの選手が若いときに長期の海外遠征を経験するからだ。外国人選手も多いので、英語を使うチャンスにも恵まれている。しかし、英語を自在に使いこなせるレベルの選手はいない。

新日本はアメリカで定期的に興行を打っている。ニューヨークのマディソン・スクエア・ガーデンを満員札止めにもした。客席はアメリカ人ばかり。スタッフもアメリカ人ばかり。テレビ放送を見るのもアメリカ人だ。

僕は記者会見にも、勝利者インタビューにも、現地メディアの取材にも、通訳を介さずに対応できるようになりたい。アメリカで試合後のインタビューで誇らしげに話しても、あるいは相手のアンフェアなファイトを責めても、日本語でまくしたてたら様《さま》にならない。

マイクパフォーマンスならなおさらだ。

「お前を絶対に倒してやる！」

アメリカのリング上で日本語ですごんでも、しらける気がする。

新日本では、アメリカだけでなく、イギリスやオーストラリアなど、英語圏での試合が増えている。現地ではサイン会、撮影会、握手会のようなファンと交流するイベントも行われる。そういう場でフレンドリーに英語で会話をかわしたい。

また、当然その国のレスラーとの交流もある。海外では、極力いろいろなところに行ってさまざまなものに触れるようにしている。感性を磨くこともプロレスラーとして大事。そのためにも英語は大切だ。

日本人プロレスラーがなめられないためにも、新日本では英語を話せることを一流の条件としたい。その先陣を切りたい。そういう行いは、新日本プロレスを世界に広げる突破口になる。

中学の授業のように文法から学んでもいいと思うが、僕は英語に触れる時間をなるべく多くして、使い勝手のいい英語を身につけたい。日常生活で頻繁に使う英熟語や、レスラー同士の距離が縮まるようなジョークを自由に話せるようになりたい。

ちなみにマイクパフォーマンスの最後の「カネの雨が降るぞ！」は日本のものを海外へ、と思っているので、あえて日本語で言っている。

カラダの改造計画／5

あえてブランド品を持つ

後輩にトゥミのスーツケースを贈る理由

「カタチから入る」――という考え方がある。

物事の本質を掴むよりも前に、見た目や道具を整えて、継続することによって、やがて実質が伴ってくる、というものだ。

たとえば、高級なスーツを着る。最初は似合わない。それでも着続けると馴染んでくる。やがて、そのスーツにふさわしい人間になっていく。現実的にはそんなに簡単ではないと思うけれど、理にかなってもいる。自分にふさわしくない高級な服を着たり、クルマに乗ったり、道具を使ったりすると、ふつうは恥ずかしいと感じるものだ。周囲の目が気になる。バカにされないように必死になる。努力の結果、実質が伴ってくるのだ。

逆もある。身なりがよくないと、実質も劣化してくる。というのも、相手を見た目で判断する人は多い。身なりが悪いと、安い扱いを受けることが多くなり、そういう環境に馴染んでしまう。

１９９０年代までアメリカでもっとも権威があるタイトルとされていたＮＷＡをはじめ16回も世界チャンピオンになった、リック・フレアーというレスラーがいる。

ニックネームは「狂乱の貴公子」。髪を黄金に染めた紳士的な容姿ながら、ラフなファイトを得意としていた。猪木さんとは1995年、北朝鮮・平壌《ピョンヤン》の綾羅島《ルンナド》メーデースタジアムで開催された「平和のための平壌国際体育・文化祝典」のメインイベントで闘っているレジェンドだ。

アメリカ遠征中に、リック・フレアーの会場入りに遭遇した。カッコよかった。金髪をなびかせ、びしっとスーツを着込み、さっそうとおしゃれなスーツケースを引いていた。

そのスーツケースのブランドはトゥミ。はっとした。というのも、当時、ブランドもののスーツケースを持つ日本人選手は見たことがなかったからだ。僕自身、量販店で買った名もないメーカーのスーツケースに服を詰めて転がしていた。

僕も日本に帰国するときにトゥミのスーツケースを購入した。持ち物で人を評価することが正しいとは思っていない。しかし、持ち物で評価する人は多い。自分の中身に自信があっても、持ち物や身なりで実際よりも低く評価されたらもったいない。

それからはスーツケースに限らず、丁寧にものを選ぶように心がけている。自分としては知らない人には気付かれず、わかる人には気付いてもらえるものを持ちたいと思っている。

最近は後輩の若い選手が海外修行に行くときには、餞別に、トゥミかリモワかゼロハリバートンのスーツケースをプレゼントしている。

彼らには鞄《かばん》にも気を遣えて、身だしなみもきちんとしているプロレスラーになってほしい。

カラダの改造計画／**6**

時計は時計屋のものを選べ

カルティエではなくロレックスを選ぶ理由

何回か述べたようにエンタテインメント性は、今の日本のプロレスにとってとても重要な要素だ。だから、プロレスラーのコスチューム一つとっても人気を大きく左右する。

ふだん僕はけっして派手な生活はしていない。ただし、〝レインメーカー〟オカダ・カズチカに関してはコストを惜しまない。コストをかけるものとコストをかけないもの。そこはきちんと考える。コスチュームは前者だ。

ただし、誰もが派手にする必要はないだろう。鍛え上げた筋肉質な身体を目立たせるために、あえてシンプルなコスチューム、シンプルなパンツを選ぶ選手もいる。それもまた個性を発揮しているといえる。

僕は２０２０年から入場するときのガウンとコスチュームのデザインをファッションデザイナー、森永邦彦さんのＡＮＲＥＡＬＡＧＥ（アンリアレイジ）にお願いしている。

２００３年設立の、パリコレにも参加するファッションブランドで、「アンリアレイジ」は造語らしい。「A REAL（日常）」「UN REAL（非日常）」「AGE（時代）」を組み合わせている。「神は細部に宿る」という信条のもとに、着る人がどんな体形でも、オリジナリティを発揮する。そして、新しいアイデアやテクノロジーを取り入れる姿勢が好きだ。デザインが常に刺激的だ。

　ファンのみなさんが望むレインメーカーの髪はゴールドやシルバー、パンツはショート。そのうえで、コスチュームデザインのすべてをアンリアレイジにお任せする。僕の２０２１年のコスチュームは、オリンピックを意識して、世界各国の国旗を密にデザインしていただいた。

「オレが世界を背負って闘う！」

　というメッセージをデザインに込めたのだ。

　このようにファッションに関してはファッションのプロに委《ゆだ》ねたほうがいい結果を得られる。その分野のプロには、僕たちが思いつかないようなとびっきりの発想や工夫がある。だから、服に限らず、身に着けるものを選ぶときは、専門のブランドを選ぶ意識を持っている。

バッグやスーツケースは、トゥミを選ぶ。時計はロレックス、パテック フィリップ、オーデマ ピゲを持っている。専門ブランドだからだ。

「オカダ、どこの時計してるの？」

校長に聞かれたことがある。

「カルティエです」

「カルティエは宝石屋だろう。時計は時計屋のものを選べよ」

それからロレックス、パテック フィリップ、オーデマ ピゲを買った。

もちろんカルティエの時計も大切にしている。

校長は身に着けるものにすごく気を遣っている。服も靴も時計もそれぞれの分野の専門の技術を信頼しているのだろう。もっともな考え方だ。

ただ、普段着はブランドにこだわらない。そして、最近は長く着られるもの以外は買わないようになった。１０００円のＴシャツでも10万円のＴシャツでも同じＴシャツだし、結局、気付く人は気付くし、気付かない人は気付かない。気にしているのは自分だけだ。

だから、特別な贅沢はしない。コストをかけるものとコストをかけないもの、メリハリを意識している。

カラダの改造計画／7

ここぞのときのルーティンを持つ

カルバン・クラインのピンクのパンツをはく理由

大切な試合の日は、〝勝負パンツ〟をはく。カルバン・クラインのピンク色のボクサーパンツを身に着ける。どの試合だったか、ピンクのパンツで会場入りしたときにいい結果を残せた。それからはずっと、大きな試合のときはピンクのパンツだ。

前日は湯船に炭酸水を入れて浸かる。爪もきれいに切る。心を落ち着けるために、自宅のデスクを片づけ、トイレの掃除もする。

僕には牛丼も大事。２０１２年、「THE NEW BEGINNING」大阪府立体育会館で僕は初めてＩＷＧＰヘビー級タイトルに挑戦した。チャンピオンは棚橋さん。試合前、僕はものすごく緊張して、食事も喉を通らないほど。なにか食べないと闘えない。そう思えば思うほど、食欲がなくなっていく。

その会場入りの途中、牛丼屋さんが目に入った。牛丼なら食べられそうだと思い、店に飛び込んでかき込んだ。完食すると、ほっとした。闘える、と思った。

あれから、タイトルマッチの日はいつも牛丼を食べている。

そして、いつもと同じウォーミングアップを行い、ｉｎゼリーを飲み、スニッカーズを2本食べる。モンスターエナジードリンクも飲む。

海外の試合のときも同じだ。牛丼店を見つけるのは難しいので、デリカテッセンへ行き、ビーフステーキサンドウィッチをつくってもらう。少しでも牛丼に近いものを食べるのだ。バスタブがないときもあるので、炭酸水を買ってバスルームで身体にかける。目薬、点鼻薬、のどスプレーをして整える。

そして、コスチュームに着替える。ニーパッドもテーピングもブーツも左から。試合の直前には、化粧水で顔を清める。

キャリアを重ねるごとに、試合前のルーティンが増えて忙しい。それでも、僕にとっては重要な〝儀式〟だ。これをすると、気持ちが落ち着く。ただ、忘れたら忘れたで気にしない。

自分だけのルーティンを持つと、完璧なオカダ・カズチカを見せられるという自信を持てるようになる。変に緊張することもなくなるし、結果、レインメーカーでいられるのだと思う。

カラダの改造計画／8

コロナ禍のトレーニングと食事

緊急事態宣言中に身体を鍛え直した理由

2020年1月、東京ドームでIWGPヘビー級のベルトを奪われ、その後新型コロナウイルスが感染拡大した。

チャンピオンである間は、自分のペースで練習を行えない。コンスタントに防衛戦があり、その都度調整期間を設けなくてはいけないからだ。タイトルマッチの日にベストコンディションに持っていくためには、疲労を取り除かなくてはいけないので、練習量を減らす。精神的にキツいので、なるべくストレスをためないようにしていた。

さらにコロナの感染拡大で、政府が緊急事態宣言を発出し、不要不急の外出自粛が呼びかけられ、プロレスの試合も3ヵ月間開催されなかった。

不謹慎に聞こえるかもしれないが、コロナ禍だからこそ行えることをやらなければいけないと思った。

真っ先に思いついたのが肉体改造だ。

「今こそ成長のチャンス。プラスにとらえて、筋肉をつけよう。逆にここで成長できないと、その程度のレベルの人間になる」

試合がないので、身体を鍛える時間をつくれたのだ。

ただし、緊急事態宣言下では、道場にもジムにも行けない。なので、自宅にあるダンベルやチューブを使って筋トレを行った。

緊急事態宣言の内容が緩和《かんわ》されてジムに行けるようになってからは、有酸素運動もしっかりやった。胸、背中、脚、肩、腕などの大きな筋肉をさらに大きくするために、ウエイトトレーニングにもしっかり励んだ。

食事については、ずっと、あまり制限をしていなかった。僕は甘いお菓子が好き。とくにコンビニで買えるアイスクリームやチョコレート系のスナック菓子には目がなくて、身体が欲するままに食べていた。食べたいということは、身体が必要としているからだ。それに、我慢することによってストレスをためるのは避けたい。ストレスを抱えていては、試合でいい結果を残せないと思っている。

しかし、試合もないのでカロリー計算をしたり、自分に必要なたんぱく質、脂質、炭水化物の量を計ったりして、それが身体にどう影響するかもわかった。

とくに意識したのは脂質。お菓子を欲するままに食べていたときは気にしていなかったが、一日分の脂質量を一つのお菓子で摂《と》っていたことを知ったときは驚いた。

肉体改造という目標を持ってからは、甘いものが欲しくなくなった。ただ、大きな試合で頑張ったときは自分にご褒美《ほうび》をあげたくなるので、そういうときは甘いものを買ってもいいかなと思っている。

そんな生活を続けることで、身体にキレを感じるようになってきた。２０２１年に入ってからは、動きが格段によくなっていると自覚できた。

それが、G1 CLIMAX 31 予選リーグの快進撃につながったと感じている。優勝決定戦では、対戦相手の飯伏さんに勝って優勝することができた。

コロナ禍というマイナス要素を肉体改造というプラスにつなげられたことは大きかった。

Column 02

天龍源一郎さんから学んだこと

© 新日本プロレス

Column

02

引退試合から教わった〝昭和プロレス〟のすごみ

プロレスにおいて、ベストバウトとは？

自分に問いかける。

それは、ファンのみなさんが満足した試合かもしれない。

あるいは、闘う二人が自分のすべてを出し切った試合かもしれない。

そして、もう一つ、プロレスラーがリング上で自分の人生そのものを物語として見せ、人の心を動かす試合こそ、ベストバウトと言っていいのではないだろうか。

僕はそれを天龍さんに教えていただいた。

天龍さんとは一度だけ、シングルマッチで闘った。２０１５年11月15日、会場は東京の両国国技館。「天龍源一郎 引退ロード」の最終戦。天龍さんの引退試合の相手に指名された。

闘うことになったきっかけは、２０１４年１月に行われた東京スポーツ新聞社主催の第40回プロレス大賞ＭＶＰ受賞時の僕の発言。２０１２年、２０１３年と僕は２年連続でＭＶＰをとり、それについての東京スポーツの取材でのことだった。

「猪木選手、鶴田選手、天龍選手、その３人は僕と同じ時代じゃなくてよかった」

僕は大胆にもそう言ったのだ。

プロレス大賞の歴史において２年連続でＭＶＰを受賞したのは、猪木さん、鶴田さん、天龍さん、そして僕の４人だった。もし３人が僕と同時代のレスラーだったらＭＶＰには選ばれなかった、と言ったのだ。

この発言に天龍さんが憤《いきどお》った。

猪木さんはすでに引退し、鶴田さんは亡くなられている。当時、２年連続ＭＶＰ受賞者の現役のレスラーは天龍さんだけだったのだ。

２０１５年８月、天龍さんはG1 CLIMAX 25最終戦が行われる両国国技館を訪れ、僕に引退試合での対戦を迫った。

「おい、昭和のプロレスを味わう最後のチャンスだぞ、この野郎！」

あの日が天龍さんとは初対面。僕に迫る天龍さんの顔を見て、本気で怒っているのがわかった。

「僕と同じ時代じゃなくてよかったですね」

僕はプロレス大賞ＭＶＰ受賞時と同じ台詞をくり返し、天龍さんを挑発した。

あのときの僕は27歳。天龍さんは65歳。歳の差は38。天龍さんは僕の年齢の約２・５倍だ。

引退試合は、ほとんどの場合、相手に現役バリバリの選手は選ばない。

かつて名勝負を展開したライバルや盟友《めいゆう》とさまざまな思い出をかみしめながら闘うのがスタンダード。それはそれで素晴らしいメモリアルマッチだと思う。

しかし、天龍さんはその選択をしなかった。現役のＩＷＧＰヘビー級チャンピオンの僕を相手に指名した。最後まで本気で闘うことを選んだ。

僕は負ける気はまったくしなかった。

プロ野球ならば、引退する選手に花を持たせるのが礼儀なのかもしれない。引退する選手がピッチャーならば、思い切り空振りして相手を立てる。相手がバッターならば、ド真ん中のストレートを投げて、ホームランを打たせる。

だが、僕には天龍さんに花を持たせる気持ちなどさらさらない。２０１５年11月15日の両国国技館で、僕は全力で勝ちに行った。カウンターのドロップキック、ショートレンジのドロップキック、低空飛行のドロップキックを見舞った。ボコボコに殴り、サッカーボールやサンドバッグのように蹴った。レインメーカーも放った。本気で闘うのが礼儀だと思ったからだ。

会場には、僕のファンが大勢集まっている。そのファンの期待を裏切るわけにはいかない。

会場には、天龍さんのファンも大勢集まっている。「昭和のプロレスのほうがおもしろかった」と思っている人も多かったはず。そういう、昔のプロレスファンに、今のプロレスのすごみを見せつけなくてはいけない。

昔のプロレスよりも今のプロレスのほうがすごい。技術のレベルも高い。僕ははっきりとそう思っている。時を超えて、昭和のプロレスのリングに今の僕が立って闘っても十分に通用する。勝てる。それを観衆に知らしめなくてはいけない。

試合中、天龍さんをボコボコに蹴とばしているとき、涙を流しているファンが何人も見えた。でも、ひるまず、容赦《ようしゃ》せずに、蹴り続けた。

なによりも驚いたのは、天龍さんが38歳も若い僕に本気で勝ちに来たことだ。どんなに殴っても、どんなに蹴っても、天龍さんの目は力を失うことがない。倒れても倒れても立ち上がってきた。

オレの蹴り、効いていないの？

少しだけ不安になった。

でも、思い直す。全力で蹴っているのだ。ダメージがないはずはない。天龍戦では、いつもならフォールに入るタイミングでも、フォールにいかなかった。今のプロレスのすごさを見せるために、フォールにいくのは勝つときの一回にしたかった。

最後、レインメーカーからの片エビ固めで３カウントが入ったけれど、僕がフォールにいったのはあの最後の一度だけだったはずだ。

立ち上がらない天龍さんに、僕は深くお辞儀をしてリングを後にした。すごい人だった。全盛期の天龍さんと思い切り闘ってみたかった。

２０１５年のプロレス大賞で、僕はＭＶＰを獲得し、天龍さんとの試合が年間最高試合賞に選ばれた。

実は、年間最高試合賞については、ちょっと不満だった。あの年の僕には、プロレスとして、もっといい試合がいくつもあったと感じていたからだ。

しかし、思い直した。試合のクオリティだけがプロレスの魅力ではない。天龍さんのラストマッチには、試合の内容を超える魅力があったのだろう。馬場さんと闘い、猪木さんと闘い、鶴田さんや長州さんとも闘ってきた天龍源一郎という、たくさんの人の心を動かしたプロレスラーの39年間の歴史、生き様があの一戦に凝縮されていたのだ。真実の物語をファンに見せた試合だったのだ。

プロレスは格闘技であり、エンタテインメントも意識しなくてはいけない。同時に闘いを通して、プロレスラーの人生を見せてもいる。

おわりに

ふり返ると、僕は子どものころからあまり喧嘩《けんか》をした記憶がない。身体が大きいからか、友だちの喧嘩を止めることのほうが多かった。

なのに、今はリングの上で殴る。蹴る。しかも、相手を大声でののしることもある。自覚はないけれど、ひょっとしたら、リングの上ですべてのストレスを発散しているのかもしれない。

今日も僕は攻め続け、そして受け続けている。リング上でプロレスラーであることによって、リング外での自分も鍛えてもらっている。

愛知県安城市で生まれ育ち、小学生のときに家を出て長崎県の五島列島の自然に鍛えられた。15歳でプロレスの修行のためにメキシコに渡り、青春をプロレスに捧げた。19歳で帰国して、新日本プロレスに入門。新弟子から再出発し、24歳でＩＷＧＰヘビー級チャンピオンになった。

経験を積み、試練を乗り越えることによって、なにが変わったのだろう？自分のなかで、なにが育ったのだろう？

まったく手前味噌になるけれど、優しさが増してきたように思える。言い換えると、人のことを気遣えるようになった。最近は、誰かのためになにかをしたいという気持ちが強くなった。家族のため、プロレスラー仲間のため、スタッフのため、会社のため、プロレスファンのみんなのため。なので、痛い思いをしても自分のためではなく、なにかのために闘っている気がする。

僕は自分で自分の限界を決めることはしない。「これ以上無理」――と思わないことによって、どこまでも強くなれる。強くなることで、どこまでも優しくなれる。
そんな生き方が、読む人にとってなにかのヒントになったら嬉しい。
人のほんとうの強さとは優しさだと、僕は思っている。

オカダ・カズチカ

Okada / history

34年間の激闘の歴史 オカダ・カズチカ年表

1987年
11月8日、愛知県安城市にて生まれる。

1998年
母の故郷、長崎県五島列島の自然に惹かれ、1年半の間「山村留学」する。

2000年
中学入学と同時に安城市に戻る。プロレスのゲームソフト『新日本プロレス 闘魂炎導 BRAVE SPIRITS』によって新日本プロレスを知る。

2003年
15歳でウルティモ・ドラゴンのプロレススクール「闘龍門」に13期生として入門。

2004年
8月29日、メキシコのアレナ・コリセオにおけるネグロ・ナバーロ戦でデビュー。

2005年

12月、ヤングドラゴン杯を制覇。

2007年

5月、闘龍門ＭＥＸＩＣＯ「ウルティモ・ドラゴン20周年記念&闘龍門ＭＥＸＩＣＯ10周年記念自主興行 DRAGOMANIA Ⅱ」アレナ・メヒコ大会に大抜擢。師匠のウルティモ・ドラゴン、ミル・マスカラスといった大物とタッグを組む。日本から来た鈴木みのる、高山善廣と対戦。

7月、「ウルティモ・ドラゴン20周年記念興行」に参戦し、獣神サンダー・ライガー、ミラノコレクション A.T. と組みＴＡＪＩＲＩ、折原昌夫、大原はじめ組と対戦。試合に敗れた後、新日本プロレスに入団することを発表。

8月26日、新日本プロレス「LAST OF C.T.U」の内藤哲也戦でプレデビュー。

2008年

4月12日、石狩太一（現：タイチ）戦で正式に再デビュー。

2009年

5月、プロレスリング・ノアとの対抗戦に抜擢。後藤洋央紀と組み、杉浦貴、青木篤志と対戦するも惨敗。

2010年

1月、アメリカ・ＴＮＡでの無期限武者修行を発表。棚橋弘至を相手に壮行試合を行い、渡米する。

2011年

1月4日、「WRESTLE KINGDOM 5 in 東京ドーム」で後藤洋央紀とのタッグで、杉浦貴、高山善廣組と対戦。高山のエベレストジャーマンで敗北を喫し、この試合後に再びＴＮＡに遠征し、海外武者修行を継続。

12月、ＴＮＡでの武者修行を経て新日本に凱旋帰国。髪を金色に染め上げ、ファイトスタイルも従来と比較するとヒール寄りに変化。自らを「レインメーカー」と称した。

2012年

1月4日、「WRESTLE KINGDOM 6 in 東京ドーム」のメインイベント終了後、ＩＷＧＰヘビー級王座を保持する棚橋弘至の前に現れ、挑戦表明を行うも一蹴される。

1月5日、会見でマネージャーの外道を伴い、ＩＷＧＰヘビー級王座挑戦を改めてアピール。結果的に正式に選手権試合が組まれる。次期シリーズよりＣＨＡＯＳの一員として活動を開始する。

2月12日、「THE NEW BEGINNING」にて、棚橋の保持するＩＷＧＰヘビー級王座に初挑戦。レインメーカーでピンフォールを奪い、中邑真輔に次ぐ史上2番目の若さで同王座を戴冠。

3月、「新日本プロレス創立40周年記念興行」後楽園ホール大会で内藤哲也を相手に防衛に成功。

5月、「NEW JAPAN CUP 2012」覇者の後藤洋央紀を相手に防衛に成功。

6月、「DOMINION 6.16」で、棚橋を相手に3度目の防衛戦を行ったがピンフォール負けを喫し王座から陥落。

8月、「G1 CLIMAX 22」に初参戦。リーグ戦を1位で通過し、優勝決定戦でカール・アンダーソンと対決。この試合を制し、初出場・初優勝並びに史上最年少優勝記録を樹立。

12月、東京スポーツ新聞社主催のプロレス大賞で最優秀選手賞（ＭＶＰ）、年間最高試合賞（ベストバウト）を受賞。最優秀選手賞は１９８３年に受賞した初代タイガーマスク以来となる最年少タイ記録となる。また、日刊バトル大賞プロレス部門でも最優秀選手賞、殊勲賞、最高試合賞を受賞し、前述のプロレス大賞と合わせて五冠王に輝いた。

1月4日、「WRESTLE KINGDOM 7 in 東京ドーム」のダブルメインイベントに登場し、ＩＷＧＰヘビー級王座を賭けて棚橋弘至と激突。互いのフィニッシュ・ホールドを巡る攻防の末、棚橋のハイフライフローで敗北。

2月、２０１１年より新日本に参戦している鈴木みのる率いる鈴木軍と抗争を展開。広島大会で鈴木と対戦するがピンフォール負けを喫し、シングル2連敗とスランプに陥る。

3月、「己に慢心があった」と分析し、ハングリー精神を取り戻すため約１０００万円の散財をする。「NEW JAPAN CUP 2013」の決勝戦で後藤洋央紀を下し優勝。

4月7日、両国国技館大会でＩＷＧＰヘビー級王者の棚橋と再戦し、レインメーカーでピンフォール勝ちを収め、第59代王者に輝く。

8月、ＤＤＴプロレスリングに参戦。「両国ピーターパン２０１３」にて飯伏幸太とシングルマッチで対戦し勝利。

4月、YOSHI-HASHIと組み、タマ・トンガ、バッドラック・ファレとのタッグ戦で勝利した後、リングへ乱入したＡＪスタイルズに襲撃されＫＯ。ＡＪスタイルズはその場でマイクを持ってＩＷＧＰヘビー級王座挑戦を宣言。

5月、「レスリングどんたく２０１４」にて、ＡＪに敗れ、ＩＷＧＰヘビー級王座から陥落。その後、「BACK TO THE YOKOHAMA ARENA」にて王座奪還に向けてＡＪと対戦。ブラディサンデーからのスタイルズクラッシュを受けて敗北。王座奪還はならなかった。

8月、「G1 CLIMAX 24」の優勝決定戦でＣＨＡＯＳの同門である中邑真輔と対戦し勝利。２度目のＧ１制覇を果たし、翌年の東京ドーム大会メインイベントでのＩＷＧＰヘビー級王座挑戦権利証を授与される。

9月、初の著書『人生に金の雨を降らせる黄金律』を出版。

10月、両国国技館大会でＩＷＧＰヘビー級王座挑戦権利証を賭け、内藤哲也と対戦し勝利。翌年１月４日の「WRESTLE KINGDOM 9」のメインイベントで第61代同王者棚橋弘至との試合が決定。

2015年

1月4日、「WRESTLE KINGDOM 9 in 東京ドーム」のメインイベントでのＩＷＧＰヘビー級王座奪取に失敗。退場時に涙を流す。

4月、1月から3連敗を喫していたバッドラック・ファレにレインメーカーで勝利し抗争が決着。メインイベント後に乱入し、ＩＷＧＰヘビー級王者ＡＪスタイルズにレインメーカーを炸裂させ同王座への挑戦を表明。

7月5日、大阪城ホール大会にてＡＪに勝利し、ＩＷＧＰヘビー級王座を奪還する。

8月、「G1 CLIMAX 25」に出場。ブロック最終公式戦で中邑真輔にギブアップ負けを喫し、予選敗退。

9月、テレビドラマ『民王』に出演。

10月、「KING OF PRO-WRESTLING 2015」にてＡＪを退け、ＩＷＧＰヘビー級王座初防衛に成功。

11月15日、「天龍源一郎 引退ロード」両国国技館大会のメインイベントにて、この試合を最後に引退する天龍とシングルマッチで対戦し、勝利。

2016年

12月、東スポのプロレス大賞において、MVP並びに、11月に行われた天龍×オカダのカードがベストバウトを受賞。

1月4日、「WRESTLE KINGDOM 10 in 東京ドーム」IWGPヘビー級選手権試合で棚橋弘至と対戦し、2度目の防衛に成功。

2月、「THE NEW BEGINNING in OSAKA」IWGPヘビー級選手権試合で後藤洋央紀に勝利し3度目の防衛に成功。

4月、両国国技館大会で内藤哲也と対戦したが、突如乱入したロス・インゴベルナブレス・デ・ハポンのSANADAの介入に苦しめられ、最後は内藤のデスティーノで敗れてIWGPヘビー級王座から陥落。テレビドラマ『99・9—刑事専門弁護士—』に出演。

6月、大阪城ホール大会で内藤に勝利し、IWGPヘビー級王座を奪還。

8月、「G1 CLIMAX 26」のリーグ戦最終戦で棚橋とドローになり、優勝決定戦進出を逃す。

10月、ノアのＧＨＣタッグ王座戦でYOSHI-HASHIとタッグを組み丸藤正道、矢野通組に挑戦するも敗戦。両国国技館大会にて丸藤とのＩＷＧＰヘビー級選手権試合に勝利。

2017年

1月4日、「WRESTLE KINGDOM 11 in 東京ドーム」で、Ｇ１覇者のケニー・オメガとの45分を超える試合を制し王座を防衛。

2月、「THE NEW BEGINNING in SAPPORO」にて鈴木みのるとの40分を超える試合に勝利し3度目の防衛に成功。

4月、「SAKURA GENESIS 2017」にて、「NEW JAPAN CUP 2017」覇者の柴田勝頼と対戦、4度目の防衛に成功。

5月、「レスリングどんたく２０１７」のメインイベントでバッドラック・ファレと対戦。レインメーカーを決めて勝利し、5度目の防衛に成功。試合後、1月に死闘を繰り広げたケニーをＩＷＧＰヘビー級王座次期挑戦者に逆指名。

6月、「DOMINION 6.11 in OSAKA-JO HALL」において、自らが挑戦者として指名したケニーと対戦。60分で決着がつかずに引き分けとなり、6度目の防衛に成功。

7月、新日本プロレス初となるアメリカでの単独興行・ロングビーチ大会でCody戦を制し、7度目の防衛に成功。

8月、「G1 CLIMAX 27」に出場。本大会で優勝した暁には、自身が始めた1・4東京ドームでのＩＷＧＰヘビー級王座への挑戦権利証を廃止すると公言するが、決勝進出決定戦にてケニーに敗れ、予選敗退となる。

10月、両国国技館大会にてＥＶＩＬとのＩＷＧＰヘビー級選手権試合に勝利し、8度目の防衛に成功。

2018年

1月4日、「WRESTLE KINGDOM 12 in 東京ドーム」のメインイベントにてG1覇者の内藤哲也戦を制して、9度目の防衛に成功。また、故・橋本真也の持つ防衛日数の記録を更新し歴代1位となる。

2月、「THE NEW BEGINNING in OSAKA」でＳＡＮＡＤＡ戦を制して、10度目の防衛に成功。

4月、「SAKURA GENESIS 2018 両国国技館大会」でザック・セイバーJr.の関節技に苦しめられながらも勝利し、ＩＷＧＰヘビー級王座の連続防衛記録タイとなる11度目の防衛に成功。試合後、観客の歓声に応える形で同記録保持者の棚橋弘至が次期挑戦を表明。バックステージにてオカダもそれを了承。

5月、「レスリングどんたく２０１８」にて棚橋との死闘を制し、新記録となる連続防衛記録12回を達成。

6月、「DOMINION 6.9 in OSAKA-JO HALL」でのＩＷＧＰヘビー級選手権試合時間無制限3本勝負にて1－2でケニー・オメガに敗れ王座陥落。この時点でのＩＷＧＰヘビー級王座ベルト連続保持日数は７２０日となり、史上最長を記録。

8月、日本武道館で開催された「G1 CLIMAX 28」はブロック予選敗退。６年半続いたマネージャー外道とのコンビ解散を表明。

9月、「DESTRUCTION in KOBE」で棚橋戦に敗れたオカダを、当時同じＣＨＡＯＳに所属していたジェイ・ホワイトが急襲。さらにはコンビ解散を表明した外道もオカダに反旗を翻した。

10月、後楽園ホールで行われた「Road to POWER STRUGGLE」での試合終了

２０１９年

後、オカダがジェイに襲い掛かるが返り討ちにあう。その後、棚橋が登場しオカダを救出。棚橋がオカダへ声をかけ、２人でタマ・トンガにダブルバックエルボー、棚橋と握手を交わす。

１月４日、「WRESTLE KINGDOM 13 in 東京ドーム」の第７試合で、因縁のジェイ・ホワイトとスペシャルシングルマッチを行うが、ジェイの必殺技ブレードランナーに敗れる。

３月、４年振りに「NEW JAPAN CUP」に出場し、決勝戦まで進む。同じく決勝に勝ち残ったＳＡＮＡＤＡに勝利し、２０１３年の初出場以来２度目の優勝。

４月６日、ニューヨークのマディソン・スクエア・ガーデンにて行われた「G1 SUPER CARD」のメインイベントで因縁があるジェイとＩＷＧＰヘビー級選手権試合を行い、レインメーカーで勝利。５度目のＩＷＧＰヘビー級王座戴冠を果たす。

４月12日、声優・歌手の三森すずことの結婚を発表。

７月、「G1 CLIMAX 29」にＩＷＧＰヘビー級王者として参戦。開幕から６連勝するも大阪でＳＡＮＡＤＡに敗北。

8月、ロンドン大会で行われたＩＷＧＰヘビー級選手権試合で鈴木みのるを相手に勝利し防衛、次の挑戦者にＧ１で敗れたＳＡＮＡＤＡを指名。

10月、両国国技館大会にて、開脚式の変形ツームストン・パイルドライバーからのレインメーカーでＳＡＮＡＤＡに勝利し防衛。この試合は東スポのプロレス大賞の年間ベストバウトに選ばれる。

2020年

1月4日、「WRESTLE KINGDOM 14 in 東京ドーム」でのＩＷＧＰヘビー級選手権試合で飯伏幸太に勝利し5度目の防衛に成功。観客動員を実数発表した２０１６年以降初の４万人超えを記録。

1月5日、東京ドーム大会2日目。自身の保持するＩＷＧＰヘビー級王座と内藤哲也の保持するＩＷＧＰインターコンチネンタル王座ダブル選手権試合で敗れ王座陥落。

7月、「NEW JAPAN CUP 2020」決勝にてＥＶＩＬに敗れ連覇ならず。

2021年

10月、「G1 CLIMAX 30」に参戦。Ａブロック最終戦でウィル・オスプレイと対戦するも、オスプレイのセコンドに付いていたビー・プレストリー、さらには海外武者修行中だったグレート-O-カーンの乱入により敗れ、試合後にはオスプレイのヒドゥン・ブレードを喰らい、裏切られる形となる。オスプレイの立ち上げたユニットであるTHE EMPIRE（現：UNITED EMPIRE）との因縁が勃発。

１月４日、「WRESTLE KINGDOM 15 in 東京ドーム」にてオスプレイとのシングルマッチに勝利。前年２月以来封印していたレインメーカーを11ヵ月振りに解禁。

６月、大阪城ホールで行われた第３代ＩＷＧＰ世界ヘビー級王座決定戦で、鷹木信悟に敗退。

10月20日、「G1 CLIMAX 31」でリーグ戦１敗のオカダが、同じＢブロックで全勝のジェフ・コブをリーグ戦最終戦で破り、逆転で優勝決定戦に進出。

10月21日、Ａブロック覇者の飯伏幸太と対戦し、勝利。３度目のＧ１制覇を成し遂げる。

Profile

オカダ・カズチカ

1987年愛知県安城市生まれ。15歳のときにウルティモ・ドラゴンが校長を務める闘龍門に入門。16歳でメキシコのアレナ・コリセオにおけるネグロ・ナバーロ戦でデビューを果たす。2007年、新日本プロレスに移籍。11年からはレインメーカーを名乗り、海外修行から凱旋帰国した12年、棚橋弘至を破りIWGPヘビー級王座を初戴冠。また、G1 CLIMAXに初参戦し、史上最年少の若さで優勝を飾る。14年、2度目のG1制覇。16年、第65代IWGPヘビー級王座に輝き、その後、史上最多の12回の連続防衛記録を樹立。21年、G1 CLIMAX 3度目の制覇を成し遂げる。得意技は打点の高いドロップキック、脱出困難なマネークリップ、一撃必殺のレインメーカー。191cm、107kg。

Staff

撮影	玉川 竜
装丁＆本文デザイン	山本知香子（山本デザイン）
構成	神舘和典
ヘア＆メイク	給田久美子
アーティストマネジメント	古屋杏里（アミューズ）
編集	舘野晴彦（幻冬舎）
	八木基之（幻冬舎）
協力	新日本プロレスリング株式会社
	株式会社アミューズ

※巻末の試合の写真は新日本プロレス提供。

「リング」に立つための基本作法
2021年12月25日　第1刷発行

著　者　オカダ・カズチカ
発行人　見城 徹
編集人　舘野晴彦
編集者　八木基之

発行所　株式会社 幻冬舎
〒151-0051 東京都渋谷区千駄ヶ谷4-9-7

電話：03(5411)6211(編集)
03(5411)6222(営業)
振替：00120-8-767643
印刷・製本所：図書印刷株式会社

検印廃止

Printed in Japan
ISBN978-4-344-03893-6 C0095
幻冬舎ホームページアドレス　https://www.gentosha.co.jp/

この本に関するご意見・ご感想をメールでお寄せいただく場合は、
comment@gentosha.co.jpまで。

レインメーカードルが舞い、
テーマ曲「RAINMAKER」
が響きわたるなか入場。

試合開始のゴングが鳴る前、トップコーナーに上がり、観客を煽るオカダ・カズチカ。

オカダの必殺技であり、フィニッシュホールドの
レインメーカー。数々のライバルを粉砕してきた。

はなまるうどん

高い身体能力から繰り出される、高打点でフォームの美しいドロップキック。オカダの代名詞ともいえる技だ。

2012年2月12日、「THE NEW BEGINNING」にて棚橋弘至を破り、初のIWGPヘビー級王座に輝く。

徐々に相手を締め上げる必殺技、マネークリップ。何度も相手を失神KOさせてきた。

2019年4月、ニューヨークの格闘技の殿堂マディソン・スクエア・ガーデンで満員の観客のなか、メインイベントで勝利。

2021年「G1 CLIMAX 31」で、飯伏幸太を破って優勝。3度目のG1制覇を成し遂げる。